LOCUS

LOCUS

LOCUS

LOCUS

mark

這個系列標記的是一些人、一些事件與活動。

mark 89 女兒的六個爸爸

The Council of Dads
my daughters, my illness, and the men who could be me

作者：Bruce Feiler

譯者：呂玉嬋

責任編輯：楊郁慧 美術編輯：蔡怡欣

校對：呂佳真

法律顧問：全理法律事務所董安丹律師

出版者：大塊文化出版股份有限公司 台北市105南京東路四段25號11樓

www.locuspublishing.com **讀者服務專線：0800-006689**

TEL：(02) 87123898 FAX：(02) 87123897

郵撥帳號：18955675 戶名：大塊文化出版股份有限公司

版權所有 翻印必究

The Council of Dads by Bruce Feiler
copyright © 2010 by Bruce Feiler
Complex Chinese translation copyright ©2011 by Locus Publishing Company
Published by arrangement with Bruce Feiler
c/o Black Inc., the David Literary Agency
through Bardon-Chinese Agency
ALL RIGHTS RESERVED

總經銷：大和書報圖書股份有限公司

地址：台北縣新莊市五工五路2號

TEL：(02) 89902588 (代表號) FAX：(02) 22901658

初版一刷：2011年3月

定價：新台幣 250元

Printed in Taiwan

女兒的
六個爸爸

The Council of Dads

Bruce Feiler 著
呂玉嬋 譯

獻給我的父親：

繼續行走吧。

目錄

1 爸爸後援會

親愛的朋友：

你們已經知道了，我的左大腿骨長出十八公分長的惡性腫瘤。獲悉診斷結果的那個午後，我正走在曼哈頓的約克大道上。聽到消息後，我在路邊的長椅坐下，撥了電話給琳達和爸媽，眼淚流了下來。我去弄了副拐杖，一跛一跛走回家，躺在床上，盯著天花板發楞了好幾個鐘頭，想像往後的人生會發生哪些變化。

後來，伊甸與泰碧咯咯笑著跑進來照鏡子，跳起她們幾個月前滿三歲時所編的舞蹈，有點像在玩「玫瑰繞圈蹲」，又有些像是在跳芭蕾或韻律操。她們瘋狂轉圈，越轉越快，最後跌倒在地放聲大笑，笑出了全世界的歡欣。看著她們，我忍不住了，我崩潰了，腦海裡不停想像那些也許無法陪她們散的步，也許無法觀賞的芭蕾舞，也許無法替她們搞砸的美術作業，也許無法怒容以對的男朋友。還有，也許無法挽著她們的手走過的紅毯。

接著是亂烘烘的幾天，又是淚水汪汪，又是深夜長談，還要與醫師會診，並且協商保險事宜。我心中同時充滿決心、希望與恐懼，迅速做出判斷，眼前要考慮的是三個選項之一：損失一整年、損失大腿或者損失生命。

在這段期間，我始終認爲自己不會有事。無論發生什麼，我已經度過充實的人生，遊歷過世界各地，還寫了十本書。我的心是平和寧靜的。

我也認爲琳達不會有問題。她將經歷許多痛苦與不便，但到頭來，她仍能讓自己的生命充滿熱情和喜悅。

但是我不停想起伊甸與泰碧，以及她們的人生可能面臨的考驗。她們會好奇我是什麼樣的人嗎？她們會好奇我的想法嗎？她們會不會渴望得到我的認同、我的陶冶，和我的愛？

還有我的聲音。

過了幾天，有個清晨我睜開眼睛，想到一個方法，或許這法子能爲她們重現我的聲音。我在腦海裡列出六個人的名字，這些人來自我人生的每一個階段，從童年一直到現在。這些是最認識我的男人，與我有相同的價值觀，曾指引我，幫助我打造自己，曾與我結伴旅行，一同學習，並肩走過苦與樂。

他們是了解我的心聲的男人。

那天上午，我開始寫這封信。

我相信兩個女兒一生中將擁有豐富的資源、親愛的家人，和誠心迎接她們歸來的家庭。她們也將擁有彼此，卻可能不會擁有我——她們的爸爸。

你願意替我做她們的爸爸嗎？

你願意偷聽她們說話嗎？願意回答她們的問題嗎？願意偶爾帶她們上館子吃大餐嗎？願意陪她們看場足球賽嗎？願意一次又一次欣賞她們跳芭蕾舞嗎？她們大了，願意買雙新鞋寵寵她們嗎？或者買新手機？還是什麼我此刻根本無法想像的新奇玩意？某些時候，你願意像我一樣嚴格嗎？願意協助她們走出難關嗎？等到你和她們越來越親近，你願意偶爾邀請她們參加家庭聚會嗎？願意將她們介紹給或許能協助她們實現夢想的人士嗎？願意告訴她們我大概會怎麼想嗎？你願不願意告訴她們，我多麼為她們感到驕傲？

你願意做我的聲音嗎？

那個上午，我躺在床上，眼中含淚，全身發顫，一面希望別吵醒琳達，一面打定主意，這群男人就叫做「爸爸後援會」。

爸爸後援會由六個男人組成，每個人平日都相當忙碌，各自面對不同的挑戰，但我指望他們共同協力，擔任我那可能失怙的雙胞胎女兒的父親。當然，我希望自己可以好起來，希望一家人能齊聚一堂，享受許多的家族活動。不過，不管結局爲何，我希望後援會能持續運作，希望泰碧與伊甸能透過他們每個人領略這個世界，希望女兒透過這個團體而深入認識我。

我希望，透過這個屬於女兒的爸爸後援會，能幫助她們認識自己。

我明白，這個請求很可能是個負擔。我並不是要求二十四小時的付出、無時無刻的寄託或全心全意的情感。偶爾的幾句話，幾個動作，一道敞開的門，一個歡迎的擁抱，便很有可能持續引導女孩的人生。

你們的聲音將與我的聲音融合爲一。

下筆寫這些很痛苦，一如當初在盤算這個計畫一樣。在我們人生的此刻，這個突發奇想卻給琳達和我帶來莫大的力量與慰藉。這些年來，你們提供給我不少寶貴的心得，若女兒也能從你們身上學到這些，我們將甚感欣慰，也暗自慶幸在日後的年月中，有藉口與你們保持更加頻繁的聯絡。此外，能將你們以父親角色提出的忠告加入我們家庭的核心，我們感到非常榮幸。

最重要的是，我們知道，在需要的時刻，我可以仰賴這群代理父親替我善盡父職。

Love,

2 宣判

腳踏車是鮮橘色的，有後翹的細長車座與小型前輪，外型模仿高速改裝機車，是一九七〇年春天美國最熱門的車款。我即將滿五歲時，父母送了我一輛，成了我最寶貝的財產。

有一天，它卻差點要了我的命。

那時，我們家剛搬到喬治亞州沙凡那的南區，街坊的街道一概以南方聯盟的將軍命名：瓊斯頓、麥克羅、厄爾利、史都華。我們住在李將軍大道三三〇號，這幢現代化的灰泥長條平房是我父母親手建造的。

某天黃昏時分，我跟玩伴史考提在住家附近探險，無意中發現了皮凱特巷，這條從瓊斯頓街岔出去的小路兩旁種滿木蘭花，其他街道似乎都沒有這樣的小岔路，這是祕密大發現！我們絕對得回去再勘察勘察！

我沿著海柏遜街往回騎，這條車水馬龍的雙線幹道將我們這區一分爲二。騎著騎著，我想到個妙招，何必浪費時間繞過李將軍大道呢？我可以在海柏遜街來個帥氣的一百八十度大轉彎，一下子就能回到皮凱特巷了。史考提溫溫呑呑一拐一拐踩著踏板騎到李將軍大道（哎啊！你永遠當不成間諜！），我則敏捷地轉了方向，把單車騎上海柏遜街，說時遲，哪時快，嘎的一聲！一輛迎面而來的轎車猛撞上來。

轟。

被撞爛的單車朝一個方向飛去，我的身體則往另一個方向摔出去。有一陣子，我就這樣躺在大馬路上，黃線從我的身體下方通過，我的頭感覺到柏油路面的溫熱。街角那棟房子的屋主波莉．梅丁忽地從車庫跑出來衝到我身邊。

她的影子籠罩在我的上方，「安迪！安迪！」她大聲呼喊，喊的是我哥哥的名字。「你沒事吧？」

我回答道：「我是布魯斯。」隨即昏了過去。

＊＊＊

隔天上午我在醫院醒來，全身動彈不得，石膏從胸口一路打到左腳腳指，右邊則往下打到膝蓋，還有根鋼條從右膝延伸到左腳板。我跌斷了左大腿骨，也就是全身最大的一塊骨頭。接下來我得躺兩個月。

回到家，父母把我安頓在臥房，旁邊擺了好大一張摺疊桌，讓我堆放陸續會收到的玩具。桌上有組模型，是一九六九年從太空歸來降落在太平洋海面上的阿波羅十一號指揮艙。在中學教美術的母親想在我的石膏上畫畫，我堅持等到拆石膏的前一天。那年逾越節*，我們全家在我的臥室吃晚餐，等到要把半塊無酵餅藏起來時

* Passover，猶太人的宗教節日，紀念以色列人逃離埃及。節日長達七日，猶太家庭通常會在頭一晚聚餐。

（小孩很喜歡的遊戲，找到的人有獎），我父親要我閉上眼，然後抬起我的頭，把寶藏放在枕下。

其後的三十八個年頭，從醫學角度而言，左腿骨折是我身上唯一值得關注的病狀。需要填寫病歷資料時，我快速翻閱一頁又一頁的表格，只消填上幾個字。其實，我已經把這場意外拋諸腦後，只有在試穿新鞋時才會偶爾想起。由於傷勢復原期間正值發育高峰期，到後來我的左腳比右腳大了半號。不過，整體而言，我的健康狀況很不錯，外表比實際年紀來得年輕，幾乎不看醫生。

我甚至還靠走路吃飯。二十多年來，我遊歷世界各地，書寫透過不同觀點行走的體驗。我曾遠赴日本教書，到英國念碩士，跟著馬戲團巡迴演出，與鄉村音樂藝術家葛司・布魯克斯及其他樂手跑遍半個美國。過去十年，我在中東交戰地帶各處追溯聖經的源頭，爬上土耳其的亞拉拉特山，橫渡埃及的紅海，探勘耶路撒冷的洞穴，靠空降進入巴格達，跋山涉水通過伊朗。

記錄我的聖經溯源旅程的著作《走過聖經》（*Walking the Bible*）成了暢銷書，同名電視系列影片在世界各地播出。我是「行路人」，這個標籤難以磨滅，符合我「經驗論者」*的作風。六月的最後一個星期四，就在單車意外發生的三十八年後，我和出版商共進晚餐，並提出一項計畫：我將在未來十年追溯美國歷史的地圖，我將步上美國歷史的進展之路。

我將走遍美國。

我們爲這個計畫乾了一杯。隔天上午，在只有妻子知情的情況下，我前往紐約長老會醫院，到核子醫學科做全身骨骼掃描。一年前，我們鍾愛信賴的家庭醫師宣布將脫離我們參與的保險計畫，於是我安排了臨別健檢。一切無恙。接下來，我有十個月之久沒上過醫院，這對於我是稀鬆平常的事。到了五月，我終於撥空找了新的內科醫師，初次會面時，她吩咐我做例行的血液檢驗。

次日她打電話來，說我的鹼性磷酸酶檢測值略高，數值是一三五。我不知該做

*相信「知識是經驗的累積」。

何感想，因爲壓根沒聽過這個術語。醫師解釋，鹼性磷酸酶是血液中的一種酵素，能顯示與肝或骨有關的問題。她推測我可能天生數值就高，但也想知道我過去是否檢驗過這個項目。一通電話馬上打到以前的醫師那裡，發現我確實做過鹼性磷酸酶檢驗，而且去年七月的檢測值是九十，再正常不過。新醫師說：「唔，很奇怪，何不乾脆再檢驗一次？八成只是出錯。」

檢驗並沒有出錯。隨後的檢驗得到相仿的飆高數值。我另外做了一項檢查，排除肝臟問題的可能。那就只剩下骨頭了。醫師認爲不會是變形性骨炎，因爲這種病好發於骨頭或關節開始退化的老年人。她建議我做全身骨骼掃描，聽起來好像不過是她一時興起而已。「只是確認一下，我相信沒事的。」

核子醫學科位於醫院二樓，我被帶至擁擠的走道坐到滾輪桌前，護士將針插入我手背血管，將顯影劑直接注射到血流中，注射的劑量彷彿足以引發核電廠爆炸。我感覺涼颼颼的，嘴裡嘗到金屬似的餘味。之後他們說我可以走了，三小時後再回來，還要我多喝水，多尿尿。

午餐過後，我被帶進一個寬敞的房間，裡面有好幾台巨大的「機械長腳蜘蛛」。我拿下身上所有金屬製品，躺在窄窄的檢查台上，全身被繫帶五花大綁，再裹上毯子，此時機器的鼻子（龐大的金屬盤）往下降，距離我的鼻子只有幾公分。骨骼掃描基本上與X光相反；X光把放射線打進身體，骨骼掃描則抽檢注射到體內的放射物質。照X光不用一秒鐘，骨骼掃描則要長達一個鐘頭。

掃描進行了三十五分鐘左右，機器移到兩腿上方，醫技師忽然從監測艙探頭出來問：「你最近左腿受過傷嗎？」我倒抽了一口涼氣，不過並沒往壞處想：「我五歲時左大腿骨折過。」他點點頭，走到走廊上，我看到他和其他醫技師來來回回討論著。兩位醫技師接著從好幾個角度重新掃描我的腿部，我越來越焦慮不安，他們卻一點也不肯透露可能發現了什麼，只說：「你得跟醫生談一談。」

但隔天是週六，感覺像是熬了兩個世紀才來到週一。等待醫師宣判時，我的心跳幾乎停止。沒想到，醫師一派輕鬆地說：「不像是癌症。」接著補了一句：「不過我沒看過這樣的東西，我想你該照個X光片。」隔天她仔細看了X光片之後，語調變了，嚴肅地宣布道：「你的大腿長了個東西。」

「是腫瘤嗎？」

她說：「所有異常的生長都歸類爲腫瘤，那不見得代表什麼。」

接著她吩咐我做核磁共振。這次我沒有癡癡等著正式的宣判，就請快遞將片子送到幾條街外交給貝絲，這位家庭友人是骨科醫師。我在約克大道上踱步，當夕陽在東河河面發出微光，貝絲剛好打電話來。她說：「我看了你的掃描，還找來院內第一流的放射科醫師，我們都同意……」她頓了頓，似乎在斟酌恰當的辭彙。「你大腿上的增生物並不是良性腫瘤。」

我停下腳步，努力消化這句話。**不是良性腫瘤**，這句話只能是一個意思，她等著我把這個念頭拼湊起來。

「我得了癌症。」

貝絲接口說話，而我耳中卻一片靜默。我得去她的診間拿拐杖，我得去看她認識的某某外科專科醫生，我得打電話給琳達。

我沒辦法再移動一步，在石椅上坐了下來，就好像將近四十年前的那一刻，我躺在海柏遜街溫暖的柏油路面上，知道自己遭遇了超乎想像的打擊，卻不知接下來會怎麼樣。腫瘤出現在同一條腿、同一塊骨頭、同一處身體部位，這不可能是巧合。不過我馬上明白一件事了。

我一生都在夢想、旅遊與行走，而今我或許再也無法走路了。

3 二十根手指，二十根腳趾

跟許多年輕夫妻一樣，我們討論過生孩子的事。我們懷抱憧憬，卻也有所顧慮，有時也會替想像中的孩子取取名字。雙方的母親偶爾會打探我們是否──唔，有消息嗎？問的技巧不怎麼高明，讓我們忍不住翻白眼。我岳父艾倫是波士頓一帶德高望重的律師，有天晚上打電話來，時間有點晚了，可想而知，絕對是因爲他的妻子、高中戀人黛比擔憂她那三十來歲的女兒拖太晚還沒懷孕，便再度上網查詢冷凍卵子或代理孕母的資料，即使我們沒有理由說自己不需要這些資訊。艾倫問：

「你們正在忙嗎？」口氣裡的期待多於掛心。

我大喊：「喂，琳達！你爸爸想知道我們是不是正在做愛。」

艾倫回答：「你不是在開玩笑吧？如果你們答應不避孕，黛比會過去點蠟燭製造氣氛！」

其實我們已經擬好了時間表。六年前，在朋友安排下，琳達與我第一次見面，約在曼哈頓二十三街一家高檔美食商場門口。她穿著飄逸的絲質黑長褲、黑色漆皮高跟木底鞋，褐色臉龐有幾分神似義大利女星蘇菲亞．羅蘭，瀑布似的長髮垂在臉龐兩側，可可棕的大眼睛，還有露出潔白牙齒的燦爛笑容，她很可能被誤以爲是拉丁裔、義大利裔或大溪地人，活脫脫跟我的護照一樣，蓋了多國入境章。

事實上，她生長在波士頓郊區一個凝聚力很強的家族。她開休旅車，有一份鍾愛的燉肉食譜，晚上常會站在打開的冰箱旁捧著馬克杯裝冰淇淋吃。換言之，她非常像我。她熱愛旅行，剛剛成立了一個國際非營利組織，名爲「奮鬥會」，支持開發中世界的年輕創業家。不過她也喜歡窩在家裡，塡塡週日報紙的字謎遊戲，嘴裡吃著薄荷巧克力脆片冰淇淋模樣的綠色食物，心裡哀嘆無法大啖眞正的冰淇淋。

四年後，我們在一座眺望大西洋的陽台上完成訂婚儀式；隔天琳達宣布希望在沙凡那結婚，嚇了我一大跳。她說：「你來自歷史悠久的地方，我希望我的家人能去看看。」接著又說想在婚禮當天化身成摩洛哥王妃，於是來年六月我們結婚時，那場婚禮絕對是頭一個以阿拉伯游牧民族爲主題的婚禮，我們以阿拉伯毯當作喜帖，在有兩百五十年歷史的米克夫猶太聖堂擺出橘紫兩色的結婚蛋糕。當琳達告訴外燴業者她異想天開的菜單時，連業者都被那些中東料理考倒了。

隔年，我們開始在忙碌的生活中設法騰出時間「做人」。我複誦祖母對投資股票的忠告：「即使不知道該何時進場，總可以放手一試！」於是我們試了，也很幸運，幾週內便有了喜訊的初期徵兆。琳達買來驗孕用品，根據說明書的指示，如果出現一條粉紅色，沒有懷孕，出現兩條粉紅色，那就是懷孕了。

第一次驗時，驗孕棒上除了一條粉紅色，還有一條淺淺的顏色，有點像是粉紅色。我們不知道這是什麼意思，她便又試了一次，隔天又試，然後又再試。每次都是同樣的結果。我們用 Google 搜尋「驗孕」與「淺淺的粉紅色」，得出了五十五萬七千筆資料，看樣子這種問題還眞常見。

最後琳達跑了三家藥局，抱回一堆驗孕棒。我開玩笑說，娶了念過哈佛和耶魯的女人，代表我老婆非得每一款驗孕棒都過關才行。最後她找到一組直接指明「懷孕了」，這才稱心如意。這下我們確定了。

接著她開始害喜，一天不光一次，而是兩次，偶爾三次。不像我，我動不動就吃壞肚子，她卻鮮少嘔吐，因此這個經驗令她頗爲焦躁。當她害喜時，我坐在浴缸邊設法安撫她，舒緩孕吐不適的蘇打餅乾則是整箱整箱地買。一段時間過後，她漸漸接受了這個殘酷的過程，甚至一笑置之。對於一個職場女強人來說，這個經驗使她調整心態，多些耐心，讓寶寶作主。這是她母職的第一課。

約八週半時，我們去看婦產科。一名年輕女子走進來，交給我們厚厚一本紙夾，耐心回答我們的提問。接下來是照超音波。琳達爬上椅子，張開手腳，螢幕上隨即出現謎樣的灰色影像。醫生沉默良久才開口，邊說還邊微微打嗝。「啊，天啊，妳懷的是——唔，雙胞胎。」接著又說：「到現在之前我告訴你們的每一句話，都別管了。」

琳達和我都算是話多的人，聽到這消息卻沉默不語。我們從沒想過會懷雙胞胎，完全沒考慮過這個可能性。一般認爲雙胞胎是家族遺傳，我們兩家的近親卻都沒有雙胞胎。另一個雙胞胎常見的原因是排卵針，而我們也沒施打這樣的藥劑。

我們卻懷了雙胞胎。

或許未必。醫生解釋說，我們的雙胞胎看似生在同一個胚囊，這種狀況可能有危險，其中一個胚胎可能剝奪另一個的養分。接著我們聽見令人寒心的字眼：「選擇性減胎」。幾分鐘後，我們坐上計程車，前往紐約市最大醫院的最高樓層，接受全紐約最強的超音波照射。琳達說：「這簡直是在惡搞我們嘛，我們向來做事都不照規矩的呀！」

我補了一句：「對啊，哪個比較慘？兩個你？還是兩個**我**？」

我們哈哈大笑。

同時也明白，我們只能靠笑來撐下去了。

幾個鐘頭後，超音波提供了好消息，兩個女娃長在不同胚囊，於是我們轉診由更專門的醫生看診，也開始與家人分享喜訊。「琳達懷了自然受孕單絨毛膜雙羊膜性雙胞胎。」沒有人知道這是什麼意思，老實說，我們也不懂。我到書店買了一架子的書，看到三更半夜。多數資訊都讓人心驚：容易流產，先天性缺陷發生率較高，一個胚胎極有可能妨礙另一個胚胎。我趕緊把這些書扔了，不讓琳達讀到。

我們開始做調整，不久就一週一週算起時間來。一般認爲單胞胎在四十週足月，雙胞胎則是三十六週。有位懷雙胞胎的朋友在二十六週出現早產跡象，因而住院，兩腿還被架高，好讓寶寶在母親體內待久一點。我們的醫生馬克·郭爾德不敢大意，在二十五週就宣布嚴格的指示：臥床安胎。除了極爲特殊的情況以外，琳達被限制只能待在沙發或床上，另一種說法則是軟禁。

琳達的組織在三大洲、七個國家運作，很快地，她就開始在我們家的沙發上處理業務，企業鉅子與慈善家登門在客廳開會，而我穿著汗衫，踩著沉重步伐進去端湯送水，不時輕聲提醒孕婦：「把屁屁留在墊墊上！」

第三十六週，我給琳達買了巧克力花生醬蛋糕，並在她的肚子上塗鴉，這正是多年前我禁止母親對我腿上的石膏做的事。我們趕緊替寶寶取名字。我母親素來愛開玩笑，說她替我們兄妹所取的名字聽起來就像颶風或龍捲風：安德魯、布魯斯、凱莉。不過我們的名字其實承襲自親人，那是當時美籍猶太人的習俗。布魯斯・史蒂芬這個名字是紀念在我出生前三年過世的外公，我們兩人的名字縮寫都是B. S.。

我向來不怎麼喜歡自己的名字，嫌它太普通了，缺乏獨特性，所以琳達和我去查聖經，聖經裡可選的女孩名卻很少。我當時去了一趟土耳其，跋涉渡過幼發拉底河，拍攝關於伊甸園的電視報導，琳達便提議將其中一個女兒命名爲伊甸。這名字聽起來既熟悉又奇特，而且剛柔並濟。

接下來的六個月，我們想辦法找一個和伊甸相配的名字。熱愛旅行的我們尤其喜歡一點：伊甸是個地名，是個樂園。有天琳達脫口問：「『泰碧』怎麼樣？」泰碧是喬治亞州海岸外的堰洲島，我們法勒家四代以來每年都去那裡避暑，也算是某種天堂。我們從小把那裡叫做「破爛的沙凡那海灘」，不過大家開始逐漸珍惜這個地方，琳達尤然。

這名字還是帶來難題。「泰碧．法勒」這個名字聽起來似乎有勇無謀。還有，在美國克里克原住民的語言裡，泰碧是「鹽」的意思，恐怕沒辦法成爲情歌的內容。最後琳達贏了，說我們的女兒「會很有意思，有辦法應付這一切」。

＊＊＊

到了三十八週，我們前往勒諾克斯山醫院照最後一次超音波。琳達增加了二十三公斤，幾乎都集中在腰圍，橘色上衣底下好像裹著一顆星球。放射科醫師解釋說，雙胞胎到底要懷多久，眾說紛紜，有人說盡量讓胎兒待久一點，有人說成熟了就生下來。他說：「我站在後面那一國。」他掃了一眼螢幕，然後好像找到支持自己論點的證據：「噢噢，我看到一樣東西……你的羊水不足！你明天要生了。」

我們不禁心跳加速。到公園大道溜達時，眼前的黃水仙有如一群小雞，鬱金香則像一把把萌生的蠟筆。

四月十五日上午八點半，琳達打了催生針，到了中午，羊水破了，到了黃昏，她開始分娩。一過下午五點，我們往產房前進。「推！推！再推！」護士一面大喊，一面在走廊上推動輪床，她們使勁推床的同時，我們則大聲喊回去：「推！推！再推！」眾人都笑了。

「小聲點！」護理站的護士長繃起臉來。「在醫院怎麼能笑得這麼大聲。」

琳達與我相視而笑，我們希望女兒誕生在笑聲中啊！

到了產房內，氣氛更加嚴肅。裡面亂糟糟的，有監視器、螢光燈、塑膠育嬰箱與加熱燈，還擠了十幾個人。琳達的頭髮包到髮網內，郭爾德醫師埋進她的雙腿間，護士群聚在她的腦袋四周，兩組鼕鼕響的心跳構成了穩定的配樂。這幾個月來，我們其中一個女兒比較靠近子宮頸，我們叫她「雙胞胎A」，預期她會率先蹦出來。不過雙胞胎B比較活潑。結果琳達料中了，雙胞胎B在最後一刻把姊妹推開，於傍晚六點十四分搶先報到。她是特別機靈的那一個，她是泰碧・蘿絲。

我被叫過去抱她。她被白底藍條紋的毯子包裹著，膚色深褐，頭髮很黑，讓我想起她的母親。我開始對她附耳吟詩，這時，產房另一端爆發一陣騷亂。

多年來我常常聽朋友提到，說他們初次抱起兒女時是人生中最重要的一刻，彷彿凝望著上帝的臉龐。在我的情況中，上帝卻分心了，琳達承受著痛苦，雙胞胎A處於險境。

我忽然覺得左右兩難，一邊是懷裡的嬰孩，一邊是產台上的妻子。該怎麼選擇很清楚，就在那一刻我學到一件事：養育雙胞胎沒有所謂的不偏心，任何時刻，只要顧到一個，就會冷落了另一個。

郭爾德醫師說：「心跳減弱，現在得準備動手術。」

聽他這麼一說，我立刻明白爲何房內有這麼多人，原來整組的手術團隊準備在出狀況時，替琳達進行剖腹生產。琳達講了好幾個月，說她不在乎孩子是自然產還是剖腹生，卻堅持不希望以兩種方式各生下一個，這會使得她的副作用與康復時間都加倍。現在她卻面臨這個局面了。

「不！」攬住琳達脖子的護士長大吼一聲。「我想她辦得到。」

琳達一聽，開始推得更用力。後來我得知，以剖腹生產威脅雙胞胎母親，是婦產科讓產婦使勁推出第二個嬰兒的老招數，不過郭爾德醫師堅稱他並沒有玩那一招。不管如何，這招很管用，雙胞胎A在姊姊誕生三十二分鐘後尾隨滑下。伊甸．艾莉諾讓我們一家全員到齊。

琳達比出勝利手勢，露出一臉喜色。她懷胎三十八週，也在三十八小時內自然產下一對女兒。我彎身靠過去以額頭觸碰她的額頭，輕聲說：「你辦到了，寶貝，二十根手指，二十根腳趾，兩個健康的孩子。」

我過去抱伊甸，她身上的毯子是綠色的條紋，膚色與髮色較淡，看起來比較像我。我對著她的耳朵低聲念出我已經對她姊姊朗讀過的詩。當我回到琳達身邊，正在替她縫合的郭爾德醫師忽然低頭看了看錶。

「嗯，報稅截止日，早到的法勒小姐和遲到的法勒小姐。」

由於這句話，我們的女兒在一屋子的笑聲與歡迎中加入了這個世界。

4 失落之年記事——卷一

七月十五日

親愛的親朋好友：

多數的清晨，薄霧從後院緩緩消散，揭開即將展開的一天，帶來花崗圓石表面上的一層露水。過去幾天，史那格海港上方的天空始終灰撲撲的，不過總算撥雲見日，天空奇蹟般地再度放晴。

抱歉，以這樣的方式和你們聯絡。近日發生一樁沉重的大事，我們陷入了不安的處境──我的左大腿骨長了十八公分長的骨性肉瘤。

講白一點：我得了骨癌。我的肉瘤被認爲是極爲少見的，吞噬力很強，已經蝕穿骨幹中央，損害周圍一大片的大腿肌肉。膝蓋與髖骨看似無礙，至於癌細胞是否轉移到肋骨與肺臟，我們認爲應該還不到那麼嚴重，相信癌細胞仍受制於大腿內。不過，情況持續改變，隨時都會出現變化。

腫瘤之所以會意外發現，是因爲五月底我做了例行的血液檢驗，發現鹼性磷酸酶的數值升高，表示肝或骨可能出了狀況。我的肝確認沒事，再經過一連串檢驗之後，才得知目前的疾病。我的情形有一點很特別：我多數時候並不會感到疼痛。這類腫瘤通常是因爲痛楚、腫脹或骨折才會被發現，往這一層去想，我們的運氣還算好。有位腫瘤科醫師告訴我：「你的外科醫師眞厲害，這麼早就發現你的腫瘤。」

透過朋友介紹，琳達與我找到約翰．赫利醫師。赫利醫師是紐約斯隆卡特琳治癌紀念醫學中心的骨科主任，許多不同的人以「妙手」、「權威」或

「第一把交椅」形容他。赫利醫師五十出頭，待人親切，臉上掛著從容的笑靨，脖子繫著領結，講話的方式獨特又有趣，每分鐘差不多只說三個字，你若是想聽清楚他說的每個字（喲，我們可是這樣噢！），耐心點，你得等很久才聽得到下一個字。碰巧，他也是耶魯大學以斯拉・史泰爾學院校友，還跟我一樣，在少年時代學過雜耍、扮過小丑。

第一次見面，赫利醫師花了好幾個鐘頭跟我們長談，他說：「就算是最嚴重的狀況，治好也是沒問題的。」也說了好幾次：「這是一場戰爭，我打算要打勝仗。」

赫利醫師認爲，我的癌症八成與五歲時發生的車禍有關，當時我摔斷了同一塊骨頭的同一個部位。大腿骨的骨性肉瘤通常出現在比較靠近膝蓋或髖骨的位置，而我的卻是在骨幹中央。我們推測斷骨沒有完全癒合，或者因爲發炎，在四十年後無端演變成癌症，赫利醫師卻朝反方向假設。比方說，他問我怎麼會折斷大腿骨，我理所當然地回答：「被車撞。」

「但爲何是**那根**骨頭呢？」他追問。他推測，由於遺傳的關係，我的左大腿骨天生就骨質脆弱。

總之，從時到現在鐵定發生了什麼事，使我的骨折和其他人不大一樣；之後有個細胞不聽話，腫瘤便長了出來。每年大約有六千個美國人罹患骨性肉瘤，其中有百分之八十五的患者在二十五歲以下，每一年得到這種病的成年人不到一百人（相較之下，每年乳癌病例有二十萬起，前列腺癌有十九萬起）。因此，針對這種病的知識和技術——特別是針對成年病患——尚未累積豐富的經驗，沒有人會因爲治療罕見疾病而得到諾貝爾獎。

假如我在二十五歲時罹患這種疾病，醫生會切掉我的大腿，然後只能祈求好運。參議員泰德・甘迺迪（Ted Kennedy）有個兒子也叫泰德，十二歲時就因爲得了這種病而砍掉一條腿。過去只有百分之十五的病患能保住一命，到了一九八〇年代，某種特別的雞尾酒化療法問世，存活率提升了四倍。

在走上這條路以前，我必須接受徹底的腫瘤分析。幾個星期後，我得先做病理切片檢查手術，赫利醫師會把我的大腿切開，取出一截骨頭送去病理科，然後再開始規畫療程。我可能要面對二到四個月之久的化療，接著是手術，然後又是四個月的化療。手術會切開大腿，切除腫瘤與周邊增生的骨質與大塊肌肉。醫生將會爲我置換大腿骨，替換物如果不是大體捐骨做的，就是金屬人工骨。醫生告訴我，骨頭會癒合，但肌肉則不會，假使運氣夠好，我的大腿保得住，膝蓋與足部便能正常運作，只是行動將永久受到影響，如同赫利醫師所言：「可以走路，但不能跑步，最好少爬樓梯。」

你可以想像，這項消息帶給我們驚濤駭浪般的衝擊。赫利醫師解釋完畢後，護士進來要我塡寫幾份表格。我要求她讓琳達與我獨處幾分鐘。她離開後，我在檢查台上崩潰了，我本來還抱著一絲希望，期盼自己並沒有得到癌症、不必做化療。而今希望滅了，期盼碎了。

我即將迎向失落的一年。

以最樂觀的假設來說。

你怎麼應付呢？我們咬牙苦撐，我們集中心力，我們時好時壞，我們淚眼相望，深夜時分互相傾訴，聊著我們的人生以及對女兒的夢想。這並不容易。我們終究不是英雄，沒有人立志要成爲漂亮應付這類情況的人，而我們不見得每回都能處理得很好。

我說過了，我們有豐富的資源可以利用；我們有兩個慈愛的家庭、眾多的友人，以及靈活的腦袋，帶領我們擬出十四點營養補充計畫，更設想出許多情節，有的情節悲慘萬分，有的情節希望無窮。我們尋找機會讓自己哈哈大笑，例如，在斯隆卡特琳治癌紀念醫學中心那一流骨癌外科醫師的診間，爲什麼會放一本《網球週刊》給病患看呢？

琳達好嗎？她表現出色。這項消息首先打亂了一項計畫，那是我和琳達打算去南土克特島度假，慶祝結婚五週年，這本來是我們第一次離開三歲女兒出門旅行。琳達忍了下來，取消旅行，深吸一口氣，繼續過日子。任何經歷過這類情境的人都明白，承受最重負擔的一概是配偶，過程中夫妻倆更可說是生死與共。她要工作，要照料女兒，要應付脾氣越來越差又跛腳的丈夫（好啦，脾氣本來就不好，不過跛腳是新的！），要在這些林林總總的瑣事之間取得平衡，想必是極大的挑戰。化療本來就不好玩。

話是這麼說，琳達的非營利組織「奮鬥會」的業務卻蒸蒸日上。去年，該組織達成十年協助全世界十個國家創業者的紀錄，再過幾週，奮鬥會準備接受私人基金會的資助，以助於推動會務。琳達仍然把時間投入這項給予她鼓舞的工作，未來幾個月仍將按照計畫出國；我可以肯定地說，她可以這樣繼續她的事業，對我來說極爲重要。生活雖然起了變化，卻不會停止運行。秉持那樣的精神，我想邀請閱讀這段文字的每個人，和我一塊或多或少替琳達打氣，協助她繼續散發照亮了許多人的光輝。

兩個小女孩好嗎？伊甸和泰碧也長大不少。三歲恰好是開啓性別意識的時候，她們學芭蕾學得很認眞，也熱愛公主、杯子蛋糕和所有粉紅和紫色的小東西，事實上，她們各自擁有一套粉紅色連身裙和精心搭配的紫色踩腳緊身褲。過去三年，我們本來刻意不讓她們被傳統性別顏色所限制，但這份決心很快被扔到粉彩的仙女洞裡。過去兩、三個星期，兩個小女孩玩了保齡球、划船、迷你高爾夫，統統都是第一次。不過其中一種恐怕很難有第二次；她們的外公新買了汽艇，由於才剛掌握到竅門，所以只想在港灣一帶繞繞就好，還沒打算開進大海，沒想到伊甸馬上脫口問：「我們什麼時候可以開**快一點**?!」

怎麼對女兒告知病情？透露多少？這點我們一直在尋求專家的意見。初期的暗示得要坦白無欺，但可掠過細節不談，還要人人統一口徑：「爸爸生病了，醫生正在幫助他，他的病會好起來。」然後，我們得像老鷹一樣觀察，看看是否出現任何行爲改變，包括無法專心、侵略行爲增加或做噩夢。她們已經發現到爸爸撐拐杖，而我們可以觀察她們的調整。琳達跟我留在紐約就醫時，她們待在鱈魚角的外公外婆家，過了幾天我們才去。伊甸說：「我好高興你們回來了。」我們以她們爲榮，也深愛著她們，我期待有一天陪她們步上紅毯，期待著帶領她們走過長長的路，起碼要繞地球一圈。

我可以幫什麼忙呢？我們非常感激提出這個問題的許多人，也願意誠懇地回答：我們正在努力想清楚，該如何提供坦率、實際而有意義的引導，並且也尊重問題背後真摯的感情。我們發現，提供旁人明確的要求很有用——「嘿，媽，我需要淋浴凳。」「嘿，老妹，我們需要三孔夾收集所有的書面資料。」「嘿，老哥，我頭髮掉光以前，能不能幫我拍幾張照？」如果給我們些許時間，以便更徹底了解我們眼前面對的是什麼，我們將很樂意擁有你們的支持。

以上是頭一週的心得。已經開始湧入的大量電子郵件與來電，讓我很難一一回應，但是每一封來信我們都讀過了。往返醫院、協商保險事宜、心情低落……受到這些事務輪番轟炸的思緒略微清晰的片刻，我會想辦法讓自己做點事，或研究芭蕾舞開胯屈膝動作的起源。這也許表示我無法撥空回信，但是你們的體貼將持續帶給我安慰與力量。在往後的幾個月，我打算定期寫信向你們報告我的近況。

與此同時，願你今夏在窗外發現清澈的天空，願你的箭頭全指向前方，願你旋即找到流速正如你所願的開放水域。

屆時，請替我去散個步吧。

Love,

Bruce

5 旅行爸爸傑夫

旅行就是全身沾滿泥巴

在荷蘭北部，亞森柏城堡青年旅社的舞廳大聲播放麥可．傑克森的音樂，紅色燈光猛烈閃動。我從後門溜出，凝望護城河對岸的乳牛牧場。當時是一九八三年夏天，剛從高中畢業的我到歐洲參加爲期六週的交換學生計畫。這是我頭一次出國，這趟旅程是奶奶送的禮物，我將走訪荷、德、義、法與瑞士。這天我們人在荷蘭。

沒多久，共同領隊傑夫的前腳跟著我的後腳溜出舞廳。三十二年前，傑夫的父母在佛蒙特州普特尼創辦了這間學生旅行社。傑夫是個瘦高個兒，尖角鼻，一窩孩子氣的棕髮，可以當個熱愛鏟糞肥的佛州鄉下農夫，也可以化身爲四海爲家的大四學生，講得一口流利法語。傑夫的母親是荷蘭人，父親則在百老匯的舞台腳燈間長大。他多數時候是個頑童，充滿惡搞的冒險精神，看出我非常純樸、甚少旅行，恰好足以成爲他那熱情的惡作劇的理想陪襯。

他問：「你有沒有把牛推倒過？」

我說：「你說什麼？」

「牛是站著睡覺的，所以如果以逆風方向偷偷靠過去，就可以把牛一把推倒，發出咚的好大一聲。」

我還沒細想這是不是他隨口胡謅的，便跟著他越過護城河，攀上帶刺鐵絲網，嘎吱嘎吱踩過泥漿與扁圓的牛糞堆，準備靠近某隻正在打盹的可憐乳牛。

幾乎就從那時開始，我發掘了此生的熱忱：旅行是充滿驚奇且永不畢業的大學。

＊＊＊

我本來沒打算告訴琳達有關「爸爸後援會」的計畫。要她去想像思考這件事，對她來說想必很不好受。我們應該著眼於正面事物，應該活在當下。可是，不到二十四小時，我便忍不住和盤托出這個尚未成形的概念，而這個計畫就此不再只屬於我。從某種角度來說，它是我們共有的；更確切地說，這個計畫和琳達的關係更密切，因爲將來負責協調這些爸爸們與女兒之間關係的人便是她。

不過，就算我勉強承認琳達的看法比我的觀點更重要，我們卻很快遇到難題。對於某個可能的爸爸人選，她評論道：「我很喜歡他，可是他無法代表現在的你。」對於另一個人選則表示：「這人很棒，可是你的某部分特質怎麼辦呢？」

我們需要定出一套準則。

第一，不選家人。這世上我最親近的男人是我哥哥，此外，我也有妹夫連襟、堂表兄弟等等關係深淺不一的親人，可是我們認爲這些男性既然與我們的女兒有親族關係，一定會與她們共同參與家族活動。

第二，只選男性。我很有福氣，從青少年時期就難得地和女性友人培養出深厚交情。我最親近的朋友名單中，男女比例大概是一半一半。不過我們決定了，既然她們的母親還在，女兒需要的是父親的聲音來塡補我缺席的空白。

第三，交情的「深度」比「長度」更重要。我們認爲，幾位近年結交的朋友更能了解現在的我，以及我想做怎樣的父親。

第四，每個人生階段分別只選出一名友人。

最後，針對我的每項特質各選出一位。

我們展開計畫時，並未預設人數，也不在乎這些人是否身爲人父，而著重在這些人是否能了解我人格特質的某個層面，如同琳達一再提到的：「我要的是，當我面對挑戰，當女兒來問我：『爸爸對這個會怎麼想？』在這種時候我能夠打電話的男人。」最後，我們選出具體表現我不同面向的六個男人。

＊＊＊

一開始，傑夫．沙姆林就在名單上。

從兩人一同跨入那片乳牛牧場，幾十年來，傑夫和我的友情越來越深厚。他後來和兄弟繼承了父母的學生旅行社事業，定居在充滿田園風情的普特尼，娶了攝影師妻子，生了兩個孩子，還擔任義消與市政委員，每天都花些時間開著牽引機轉來繞去。還有，沒錯，他得鏟牛糞。

普特尼對我來說，就像是童話故事才會出現的場景，我在那裡砍木柴、摘蘋果、採收楓樹糖漿。傑夫的鄰居站在穀倉前，拿摺疊小刀切下薄荷喉糖塞進牙縫。雜貨店賣的是「阿包師」罐頭義大利麵醬和「喲喝」可可奶。在那純樸的鄉間，哪家夫妻吵架、哪對情侶分手，很快就淪爲居民的八卦話題。

從高中畢業那個使我快速成長的暑假開始，傑夫成了我的朋友。他是我的營隊輔導員，追我奔上山巔，把我扔進湖裡，一隻鹿從樹後跳出越過我的飛行帽上方時，他險些開槍射中我。他是我的人生教練，敦促我出國深造，逼迫我向琳達求婚。他是我的老大哥，是我永遠佩服的人；因爲我應該佩服他，因爲他値得。

我的腿生病以後，傑夫開始寄明信片給我，一天一張，無論下雪或放晴，無論度假或工作，並且保證會持續到我康復爲止。

我希望傑夫傳達給女兒的，正是這些多樣性的特質：了解左鄰右舍之重要的良好人脈，擁有半生在世界各地生活工作之人的開闊心胸。傑夫會帶領女兒參與社群活動，然後以那樣的方式與她們在全球各地體驗人生。

傑夫會教她們如何旅行。

因此，診斷出爐後沒幾週，我們裝了一車的行囊，帶女兒開上九十一號公路，前往佛蒙特州的農場。那天下午，傑夫開牽引機帶女兒兜風，和她們一起追趕逃跑的豬隻。之後，他與我開車到一處廢棄穀倉，那裡可以眺望蘋果園，遠處還有碧丘連綿。我們搬出兩張海灘椅。我說：「讀這封信是我所能做到最好的事。」我深呼吸，開始朗讀寫給那些爸爸的信，淚水啞了我的嗓子，我差點無法讀完。

你願意當她們的爸爸嗎？

你願意做我的聲音嗎？

我忽然覺得自己老了，卻也感到一陣心安。看著傑夫的眼眶泛起淚光、身子僵硬起來，我最深切的感受居然是難過，我以自身的痛苦增加他的負荷。信讀完後，眼前的景色彷彿不再美麗，土地幾乎成了葬身之所。兩名旅人抵達不願歸屬的地方。

「我願意。」傑夫說。我幾乎已經忘了我在信上提出的請求。「我感到非常之榮幸。」他頓了頓。「雖然我不善言語，但我會是個以身作則的爸爸。」

忽然，我的點子不再只是我的點子，也不再只是琳達的了。

這點子也是傑夫的。

這點子有了生命。

＊＊＊

一九四九年，在普特尼教高中英語的喬治．沙姆林在歐洲過完暑假，搭船返家。一天晚上，暴風雨撼動了新阿姆斯特丹號，大多數乘客紛紛上床躲進被窩。傑夫說：「連酒保都搖搖晃晃，我爸爸卻找人玩牌，其中一人就是我媽，她當時在加拿大讀書，胃很強壯，也會打橋牌。」隔年夏天，兩人同赴巴黎度假一週，再接下來的那一年，喬治的學校校長提議由他們倆帶一群學生去歐洲，不過其中有個圈套：他們倆必須結婚，否則會立下壞榜樣。而他們眞正共處的時間其實還不到十天呢。

傑夫說：「那年夏天他們做了有趣的事，馬上發現體驗學習的重要，這幾乎成了我們家的核心信念：透過社群意識成長，專注投入是學習的關鍵。」喬治和妻子共同創辦「普特尼學生旅行社」，短短幾年內便擴大了業務，足以服務數百名學生。傑夫與兄弟姊妹從小便參與家庭事業。傑夫說：「我爸總是親自開車到紐約爲每一團送行，他在中央公園南邊的飯店發表行前談話時，我們則在房間後面亂跑。」

「令尊說了什麼呢？」

「他提到深度旅遊的特色，像是盡情冒險、寄宿當地人家、嘗試一些讓自己不自在的事。我爸爸的模樣和說話方式有一種莊嚴感，他總是端出『這是一種嚴肅的文化體驗』的口吻。」

傑夫讀大學時開始當領隊，他有語言天賦，又童心未泯，天生就適合吃這一行飯。他說：「當然，我們也會去熱門的觀光景點，不過我知道怎麼在小巷子左轉，怎麼帶年輕人到巴黎還未被發掘的地方，或是讓所有人跨上腳踏車，飛馳去布列塔尼海灘，跟一票法國小夥子在夜裡生營火。」

「這些活動有什麼好處？」

「去問問有旅行經驗的任何人，最寶貴的經驗必定是意外狀況出現的時刻。這天你起了個大早，第一個去博物館排隊，到了現場才發現當天休館。只好走進附近一家小咖啡館坐，裡頭有老人家在下西洋棋。你點了熱可可，在他們旁邊坐下，聽他們分享人生故事。雖然沒去成博物館，卻得到意外的收穫。」

我在一九八三年報名參加旅行團時，傑夫正準備第三度帶團。

傑夫回憶說：「我只要一丟出瘋狂的點子，你都會摩拳擦掌，準備上陣。比方說，我會突然想唱歌激勵士氣，可是又天生害羞，你卻跟我完全不同，對你來說，整個世界就是舞台，你願意張開雙臂。我們還完成了瘋狂的任務，像是不按照路線登上瑞士阿爾卑斯山系的高山，原因很簡單：我們何必要走彎來彎去的小徑呢？」

我告訴傑夫，那年夏天我對兩件事記憶最深。首先是一連串不傷大雅的惡作劇行爲，那對我古板保守的個性來說似乎不可思議：在荷蘭把乳牛推倒；在佛羅倫斯把一輛小車從停車格搬走，還把車子頭尾倒轉過來；溜進巴黎歌劇院的地道，尋找想像中的歌劇魅影。我問傑夫這些經驗表示什麼。

「表示我的領導風格非常不成熟！」我們哈哈大笑。「認眞來說，『冒險犯難做蠢事』向來是我的人生觀。如果我們溜進歌劇院被逮到，說我們只是想多了解這個世界，這個解釋你看怎麼樣？假如我們被轟出去呢?!這不就成了我們可以告訴子孫的精彩故事。所以，把握機會，把車子搬走，把牛推倒。」

第二段記憶則是我在荷蘭寄宿民宅的經驗。頭一晚，吃過了有魚、馬鈴薯及優酪乳的驚奇白色餐點後，這一家人到客廳看電視，我進入廁所。問題是：我搞不懂怎麼沖馬桶。沒有把手，沒有按鈕，沒有槓桿，沒有拉繩。水槽幾乎頂到天花板，於是我決定以手動方式沖馬桶。我站到馬桶蓋上，朝水槽往上伸，就快要搬開蓋子時……有人敲門了。

「你沒事吧？」有人探問。

「嗯，我很好！」我提高音調。

主人拖著腳步回到客廳，他們家十幾歲的女兒卻貼著門低聲說：「把管子往下拉！」那晚我又羞愧又挫折，幾乎哭著入睡。後來，我還到肉鋪學灌香腸。一個星期以後，我和這家人培養出深刻感情。離別當天，那個女兒和朋友拿著好大一幅美國國旗到車站送行，在火車離站時唱起美國國歌。

傑夫說：「我爸如果聽到這個故事會掉眼淚，因爲那就是他演講的要點。『不要怕把手弄髒，跟大家一起灌香腸。做一個旅人，而不是觀光客。』」

我問：「那麼，什麼是旅人？」

「旅人願意拋開熟悉的事物，刻意嘗鮮。旅人願意放慢腳步，不急著趕行程，還要能夠把握機會。旅人願意打破慣例，改變飲食習慣、睡眠時間與洗澡方式。」

他接著說道：「做爲旅人，會到穀倉幫忙做乳酪。做爲旅人，會願意睡在坦尚尼亞的泥地上，和當地人一樣使用茅坑，然後發現那些提著水桶走上幾里路的居民，快樂程度並不比你低。做爲旅人，會在阿富汗參加宴會，吃不認得的食物。」

夜色已然降臨，我們的家人正在屋內等著。我們在椅子上坐直身子。

我說：「好，十年以後，我的女兒第一次出國旅行。這麼說吧，我已經不在了。你會如同令尊一般嚴肅地送行，」想到我們相聚的理由，我的嗓音一時又流露出激動情緒。「這時，你會對我女兒說什麼呢？」

他深深吸了口氣。「我想我會這麼說：『孩子，你們來自樂於擁抱世界的背景，你們來自珍視學習的價值觀，你們將有許多機會了解人類至高成就的文明，但是我卻要你們以小孩靠近泥塘的心情去接觸這番體驗，你可以靠過去看看自己的倒影，也許把一根手指伸進去，讓泥塘泛起輕微的漣漪。或者你可以跳進去踢踢水，感受一下……』」

傑夫的眼底閃著光，就像當年對我示意「嘿，來去推倒乳牛」的表情，縱然我們從來沒有眞正把乳牛推倒過，縱然乳牛並非站著睡覺。

他接著說道：「孩子，我鼓勵你們跳進去，我期待看見你們回來時，渾身都是泥巴。」

6 小鎮律師之死

我哥哥知道爺爺有一把槍。我父親察覺他的父親悶悶不樂。我母親認爲，爺爺需要的是情緒的出口，而非工作。

一九八三年三月三十日星期三近午時分，愛德恩・雅各・法勒人在爾利街家中，就在我們位於李將軍大道的住家後面。他站在鏡台前，給家人潦草寫了張便條，然後踱步走進貼有金白兩色瓷磚的浴室。打從任何人有記憶以來，爺爺奶奶向來分房睡，這也許是南方作風吧，顯示一躍成爲大律師的推銷員之子的文雅風範。

對於這位曾獲州長頒發榮譽頭銜的男性，對於這位以一句「喊我『上校』就好」而讓我那出身美東大城巴爾的摩的母親傻眼的男性，那樣的作法代表了嚴謹的禮節。

或許也暗示著他無法表達的苦楚。

他的簿記員賈琪．英格拉姆回憶說：「那天上午，我只跟他相處了兩個鐘頭。他的帕金森氏症越來越嚴重，甚至出現失智症狀。他告訴我：『我再也不會回辦公室來了。』我說：『你一定會再來！』我現在才明白他當時在對我透露什麼。」

站在浴室的他，不可能不去照鏡子，眼前是一張掛著眼鏡、曾經帶著愉悅神情的臉龐，淚滴狀的鼻子，和兩顆門牙間的缺口。也許他曾遲疑了一下。再過十二天，他就要滿七十八歲了，再過一個月，我就高中畢業了，來年他就要慶祝結婚五十週年了。

他舉起手槍對準太陽穴。

奶奶在幾步路遠的書房，聽見槍聲，發現丈夫屈身倒地。那時他還活著。奶奶打電話找到我父親，「你爸開槍自殺，流了好多血啊。」父親趕到醫院，醫生告訴他：「令尊就算保住性命，也很難復元。」父親決定滿足自己父親的心願，成了結束自己父親生命的那個人。

父親說：「他自認為這麼做是減輕我們的負擔，卻反倒讓每個人心頭壓著另一塊大石。」

＊＊＊

經過這麼多年，錄音帶已夾雜著沙沙聲，不過聲音依舊低沉清晰而有力，令我想起夏天的白玉米，帶有些許的古老鄉間魅力。

這是一九〇五年四月十一日生於密西西比州馬瑞登的愛德恩・雅各・法勒的人生故事，我要給它命名為《二十世紀的三分之二》，因為我生存且活躍在二十世紀的前三分之二左右，從一九〇五年到一九七〇年的今天。

從一九七〇年到一九八二年，爺爺錄下了二十八捲錄音帶，詳述他的童年、求學之路以及平淡中偶有高潮的職場發跡過程。那些年，他幾乎開的都是那輛褐色福特千里馬，他開車的龜速出了名，而且是邊開車邊錄音。自殺事件後，父親找人謄寫錄音帶內容，謄出來的四百多頁文件收在我們家的保險庫，二十多年來無人翻閱。

直到我生病為止。

面對一己生命的有限，我突然間非常渴望弄明白爺爺結束自己生命的原因，好奇著這些錄音帶是否能解開我內心長久以來的疑惑。最主要的是，我想知道爺爺的回憶錄裡是否存有我們家族的若干線索，讓我可以傳遞給女兒。在努力為女兒記錄我的聲音的這一年，首先必須重新聆聽曾經滋養過我的聲音。

＊＊＊

愛德恩・雅各・法勒在密西西比州馬瑞登一間簡陋木屋長大，這個阿拉巴馬州邊界附近的小鎮聚落因鐵道開通而興起。木屋沒有暖氣，沒有熱水器。爺爺提到：

「我出生以後，屋裡才裝上電燈。」每週最開心的事，莫過於貨櫃火車運來冰塊，這表示雜貨店可以買到冰涼的可口可樂。

法勒家是十九世紀中葉德國猶太人移民美國潮的後裔。這批移民繞過紐約，深入南部，許多家族從事雜貨與乾貨生意，爺爺的爸爸梅爾文在一家這樣的商號做業務員。爺爺回憶，他的爸爸每個月收入不超過兩百五十元，「手邊從來沒有閒錢。」

爺爺從他父親身上學到最重要的一課；日後我們每逢週六早上同他開車到家族辦公室工作時，爺爺便以那一課啓發我們：最高尚的人生是工作的人生，勞動是最高價值；沒有人能從你身上奪走的珍貴財富，便是明白自己勤勤懇懇做好工作所產生的自信。

唔，他做過幾十種無趣的工作，表現的確出色。打從會扔棒球起，爺爺就開始工作了，替乾洗店收帳，賣廉價雜誌，送舞台布景去歌劇院（並且在那裡厮混，偷看女演員），替藥廠送自製藥品，也就是酒精含量達百分之九十八的胃藥，以及酒精含量達百分之九十九的生髮水。「我當時不知道，原來是禁酒令助長了這些藥的銷售。」

他一心一意想提升自我，上圖書館讀完整本《世界百科全書》，每每得到好成績、獲得老師的讚美，便欣喜若狂。第一次世界大戰休戰一週年紀念時，一群學生找藉口翹課慶祝，爺爺回憶說：「他們這麼做實在太不應該了。我才不會想要離開學校呢。」翹課的學生被停學兩週，而且「幾乎每個人都被當掉」。

爺爺就讀喬治亞大學，之後進法學院，由於成績排名前百分之十，受邀成為優等生榮譽學會會員。他曾經短暫從軍，後來搬到沙凡那，向基督教青年會租了個房間。他發現當地民眾對律師的需求或尊敬都很有限，沮喪之餘，開始展現他的強項：入境隨俗。他幫忙立遺囑，想辦法讓民眾早點出獄，替流氓與色情作家辯護。想不到時來運轉，一艘輪船在大西洋沉沒，他負責處理保險索賠事宜。他還得到夢寐以求的工作，有條法律要求鐵路公司得為鐵軌附近六公尺內發現的死亡乳牛負責，他替鐵路公司辯護。原來乳牛**真的**會被撞倒，頭號嫌疑犯是南方鐵路公司與海線鐵路公司。

到了一九五九年，我父親加入爺爺的行列。父子倆率先開辦低收入戶貸款業務，愛德恩・法勒終於爬到了長久渴望的地位。錄音帶快結束時，他說：「我老想著要出人頭地，也只做會出人頭地的事。我不想成爲別人眼中的大麻煩，我的成就才是他們的大麻煩！」

＊＊＊

閱讀這些文件之際，我卻察覺爺爺的成就之中，夾雜著一個晦暗甚而帶著悲傷的故事。

首先，他對小鎮生活醜惡的一面直言不諱。他提到一袋袋現金在警察局與法官辦公室之間流通，還提到釀私酒的作法。當軍方計畫在沙凡那附近設基地，他與一位朋友開了整天的車，前往哥倫布調查士兵如何花用軍餉，還帶著當時才五歲的我爸爸同行，他爲了深入調查，還去考察當地妓院格局，只是外出時竟然將兒子單獨留在旅館！他提到：「回家後跟太太老實招了，被狠狠數落了一頓。」

而在我心頭縈繞不去的，是讓爺爺的人生蒙上陰影的早熟和死亡。他最早的記憶是鐵達尼號沉船事件。頭一次看見飛機是在密西西比州博覽會，不料這架飛機居然墜機，機師當場死亡。後來匹茲堡有家公司邀請爺爺跟一名同事搭機前去參加會議，爺爺因爲安全顧慮而婉拒，同事只得獨自搭機，結果墜機喪命。

更使人不安的是，爺爺一五一十描述銀行倒閉與證券交易的細節。他的回憶錄如此乏味，好不容易才讀到他到泰碧島探望我們一家的段落，讓我鬆了口氣。不過，花了十二年錄製這二十八捲錄音帶，爺爺卻從來沒提過他的母親，或是對她的感情，他也不談論姊妹，甚至根本不提妻子的名字，也沒說到他們交往和結婚的經過。我父親被提到的次數不超過五、六次，叔叔甚至更少。我母親完全沒出現，我哥哥和我出現一次，妹妹則從來沒有。只有在講到找個能幹的祕書多不容易時，他才會提到女人。

身爲赤貧南方人之子的祖父，必然深愛自己的家人，卻無法否認他對個人情感漠不關心，也許那就是我這麼多年來追尋的線索。他根本不以人際關係來定義自己，他是找工作的少年，是挨餓的年輕律師，是飛黃騰達的人士。我始終相信，在最後幾年如果他有個可以說話的人，痛苦便能減輕。可是，他的回憶錄告訴我，他的內心有更深沉的問題：他完全找不到人聽他說話，他覺得在這世上孤零零的。

也許，那就是爲何當他得了帕金森氏症，當他不再有生產力，當他失去了自我意識時，他便忽略了坐在鄰房的妻子的感受，忽略了開拓家族事業的兒子，忽略了即將完成高中學業、達成一項生命里程碑的孫子。

他的工作結束了。

他沒什麼理由繼續活下去。

＊＊＊

救護車朝醫院駛去，賈琪・英格拉姆來到爾利街三三三二號，清理噴濺了整間浴室瓷磚的血跡。

她說：「我愛他，他就像我的第二個父親。」賈琪與我坐在爺爺以前的辦公室。爺爺過世後二十五年來，賈琪仍然在這間房間工作，她身材嬌小，在鄉村接受傳統信仰長大，講話甜得像糖漿（偶爾又像會咬人的響尾蛇）。她說：「有個東西你可能想瞧瞧。」

她走進保險庫，片刻後拿著一張紙回來，紙片已經泛黃，染著苦痛的汗跡。字寫得大大的，好像出自孩童之手。

我不能過著病人的日子，我要結束自己的生命。愛德恩・J・法勒

他的人生結束在他始終的堅持上：以最後一個無畏的行動作結。他最終的行動相當謹慎，專業而冷靜，沒有一絲感情。

賈琪說：「有段話我希望你聽一聽。雖然當時你還有一個月才高中畢業，不過我知道你爺爺以你為榮。他愛你，這一點你一定要明白。」

我呆坐在那裡說不出話來，淚水流下臉頰。我並沒有打算尋求確認，而今卻明白自己絕對一直在等待這句證言。

坐在爺爺的辦公室，我開始了解自己這場病如何改變我對爺爺之死的看法，而爺爺之死也讓我明白家族裡的男性承擔什麼樣的重任。一如同時代的多數男人，尤其是南方男人，爺爺把疾病當成自己應該承擔的責任，獨自默默扛下，甚至不讓家人分擔他的焦慮。而我卻相反，不時寫信給親友，我的信甚至被轉寄給許許多多與我素昧平生的人。

爺爺從沒談過他的感受，而我則不斷抒發感受。

此刻，當我試圖找出「過著病人的日子」的方式時，突然好想回到他那沒有妻子的獨眠臥室，到他寫下字條、最後一次凝望自己的鏡台前，對著三十年前的他，大聲說出身爲兒孫對他遲來的理解。

「爺爺，我們在聽，我們聽到你的話了。」

「你並不是一個人。」

7 失落之年記事——卷二

八月十五日

親愛的親朋好友：

上週布魯克林飄了點雨，我們連續有了幾個清淨而美麗的午後。布魯克林大橋剛滿一百二十五歲，高高在上，歷久彌新，且氣派凜然，兩側的人行步道閃閃發光，彷彿暗示著漫長旅程的終站將有意外寶藏。

七月三十一日，我住進曼哈頓斯隆卡特琳治癌紀念醫學中心，進行十二輪化療的第一輪，每輪治療將持續一到三週。由於初次接受化療可能引發心臟衰竭，爲求安全起見，我住進了醫院。從得知必須接受化療後，我等了將近一個月才展開療程。先是服下大量各色藥丸，接著護士把我的手臂接上點滴導管，然後拆開三支針筒的包裝，筒內液體黏稠得如同融化的棒棒糖，顏色有如雞尾酒。我對著藥品低聲說：「拜託對我好一點。」然後閉上眼睛，淚水在眼皮內側推擠著。我不要琳達看見我哭。在往後九個多月的日子，這些藥劑對我身體的作用將深深影響我的後半輩子：我能活多久？生活品質是好是壞？我究竟能不能活下去？護士注意到我的反應。

她問：「你沒事吧？」

我回答：「身體上沒事，可是心情很緊張。」

她說：「別擔心，這些藥會幫助你好起來。」

我左大腿骨的病理切片已經證實我罹患高度惡性成骨性骨肉瘤，如同外科醫師赫利所言：「你生了大病。」這種好發於兒童的骨癌在成人身上十分罕見，而且有百分之三十到四十的機率，會在頭五年內轉移至肺臟復發。聽聞這個消息的上午，是我這輩子最難過的時刻。不過，這些腫瘤可以藉著化療醫治，大部分患者可以完全康復。醫師群一致同意，我左大腿骨上十八公分長的腫瘤不會致命，而且能夠根除，不過得防止癌細胞擴散到血液裡，因爲那才是更嚴重的威脅。所以，首要目標是把腫瘤鎖在原處。

我的腫瘤科醫師是羅伯特．麥基，瘦高個兒，人很客氣，可惜有那麼點像我（起碼就外表來說）。如果說，赫利醫師是直接從史詩《伊里亞德》走出來鼓舞士氣的戰士，麥基醫師就是正直的好人。他打算安排我做四到六個月的積極化療，隨後開刀，取出大部分大腿骨，置換新骨，接著再做三個月的化療，然後進行全面物理治療——失落的一整年。

林林總總的治療細節，將根據一名四十三歲男性接受這個幾乎是青少年專屬之療程後的康復情況而定。你們之中，或許有些人十分清楚，化療意味著毒物會充斥在血流中，貪婪侵害體內較具侵略性且快速分裂的細胞；不僅攻擊惡性腫瘤，也可能波及頭髮與消化道內膜。特定化療藥劑也將毒害神經，攻擊中央神經系統。而身體的因應之道是集中精力、保護重要器官，讓次要部位承受損害，所以我很可能會永遠喪失聽力，手指腳趾也可能僵硬麻痺。可以想見，我以後恐怕沒辦法吃壽司、修指甲或刺青。說真的，我很納悶日本都會型男要怎麼撐過去?!

在副作用方面，服藥後的頭一週會非常痛苦，噁心、胃痛、口乾、疲倦，腦海裡就像起了濃霧，狀況還會不時改變。我一天在床上坐起的時間大概不到一小時，只能吞下半碗雞湯、一杯果凍，對著被迫接聽的少數幾通電話哼哼唧唧。照這樣下去，我擔心我會認不出台上跳芭蕾的小女孩當中哪個是我女兒，甚至到情人節前都下不了床。

到了差不多第七天，情況惡化到谷底，再接下來，精力與胃口卻出奇地好轉了。第二週，我協調十幾位來自東岸、從南到北的親人搬進來協助我們，並且監督住屋翻新工程。我還吃了一頓運動選手分量的大餐，包括烤肉、玉米餅和櫻桃冰淇淋。第三週是我儲備戰力的時機。

那麼，你們家怎麼應付呢？老實說，要看你什麼時候問。我們全家人已經勉力展開行動，父母、岳父母、兄妹、表兄弟姊妹協助我們照應家裡和兩個小女孩。承擔最多的還是琳達；不光是丈夫好幾次三更半夜在浴室乾嘔，還得向兩個小女孩解釋：「早上七點以前不要進爹地房間！」然後，在我最糟的時候，琳達因為壓力過大而染上帶狀疱疹，只好住進附近旅館隔離三天。她說得很好：「得這個病表示我很關心！」

女兒一直在適應新的生活方式。為了不讓她們發現我快速掉髮，我刻意理了小平頭，她們立刻迷上我的新髮型，說它「又短又軟」。我們還有更好玩的餘興活動，她們的奶奶與外婆提議，讓她們觀賞幾部有禿頭的英雄式父親角色的電影，讓她們準備面對我未來的改變，像是《安妮》（1982）裡收養孤女安妮的億萬富翁沃巴克爸爸。本來也要加上《國王與我》的泰皇，但有人指出電影的結尾國王死了，這才作罷。

在起初的幾週，伊甸與泰碧確實顯得同情又緊張，眼巴巴盯著我的新枴杖，似乎在想像它們的功能和意義。伊甸忽然要了許多OK繃，泰碧有時會一跛一跛地走路。我們遇過幾次尿床，偶爾還有噩夢。

幾天前，伊甸在清晨四點半爬上泰碧的床，在床墊跳上跳下。琳達馬上到現場處理這起罕見的騷動，可是仍然無法擺平。等到我一跛一跛地來到走廊時，伊甸蹲在兒童便桶上，泰碧則哇哇大哭，接下來是一場混亂。我嘗試所知的每個花招：嚇唬威脅、正經八百地說教、說故事。通通沒效。還有更慘的，泰碧想聽森巴舞曲，伊甸想聽迪士尼電影情歌。

事情發展到這個地步，我忍無可忍：對琳達厲聲說話，對泰碧大聲嚷嚷，還抓起伊甸把她重重放到床上。然後我開始啜泣，這顯然是我最可怕的噩夢，我的病正在摧毀身旁每個人的生活。琳達忍受苦難，女兒生活散亂，而我病夫一個。我們家每個人都脫離常軌。

我離開房間。「如果你想跟我說話，就到書房來。」我對伊甸說道。五分鐘後，她居然跟來了，讓我好驚訝。我席地而坐，她爬到我的膝上，在我的右腿坐下。我設法理解她的情緒。首先她生妹妹的氣，然後生媽媽的氣。她說了一個故事：怪獸來到我們家，晚餐時跟我們坐在一起，把我們全都吃了。她說：「我們不曉得怎麼辦，因爲我們沒辦法走路。」

走路。這兩個字像核爆後的蕈狀雲從故事裡迸出來。走路本來一直是我們家的獨特標誌，走路也是爸爸的工作。在她們學會走路以前，琳達便告訴女兒我寫了一本跟走路有關的書。如今，我卻再也沒辦法暢快走路，而她則夢見自己也不能走了。我不需要研究兒童心理學，就能明白她內化了我的病，才會設想出這番情境，而她最怕的就是變得和我一樣。要形容我們的處境，更貼切的說法是：怪獸侵略我們家，而且用力把我們踩扁。

此時朝陽在書房窗外升起，伊甸的臉龐顯得格外柔軟，嬌嫩的肌膚在兩頰四周形成和緩的斜面，她從她母親那裡遺傳到的向上翹的嘴唇，由於驚恐而縮攏，髮絲在臉龐周圍飄動著。

我把她眼前的頭髮撥開，親吻她的臉頰，緊緊抱住她。

我說：「爸比會把怪獸趕走，我有魔法，可以保護我們全家。」

她低頭看看我的腿，問道：「這是你痛痛的那條腿嗎？」

我回答：「不是，這是好的那條腿。」

她說：「我希望你有兩條好的腿。」

我答應她：「很快我就會有兩條好的腿。」

她伸手撫摸我的左大腿。

我說：「我還是可以走路，只是要用拐杖。」

她說：「我也想要跟爹地一樣的拐杖，你要借我用。」

我問她想不想回去睡，她點點頭，我們走了幾步路來到她的房門口。她會堅持要我陪她嗎？她會開始哭嗎？沒有，她愉快地躺上床，擺出睡覺的姿勢。魔法發揮了作用，怪獸走了。

有些朋友讓我們很感動，有些人則極力逗我們開心，我們迫切渴望那源源不絕的眞摯祝福。我收到很多人的問候：包括將近半數的高中同學，記得我小時候出車禍的幾位老鄰居，還有我吻過的每個女孩。我很懊惱無法親自與你們一一聯繫，不過請明白，我們正以強大的決心、愛和幽默迎擊這個挑戰，甚至在最難熬的日子裡，仍能找到一道道如光穿透的意涵，並且珍惜目前的處境再次串連的眞情。

我發現，癌症是通往親密情感的護照，是請柬，甚至或許是命令，迫使人們進入最重要、最恐懼、最敏感的人性競技場。癌症同時也代表一項不可逃避的責任，讓我們不得不去面對、處理；當我們處理了議題，會有異常充實的感受。我希望你們找到時機，以那樣的精神，對所愛的人提出困難的問題，重申自己忘卻已久的承諾，或者施展自身的魔法，讓怪獸無法靠近。

還有，麻煩你，替我去散個步吧。

Love,
Bruce

8 做自己爸爸麥克斯　到哪裡都要帶一雙夾腳拖

故事從步行開始。一九八三年秋天耶魯大學開學前的那個週六，成群結隊的大一新生在宿舍外集合，準備集體「遠足」去觀賞足球季的第一場比賽。其中有個精神抖擻的男同學，頂著一頭嬉皮式鬈髮，穿著毛邊短褲，個頭矮小卻很會念書，所以青少年時期住在愛荷華州小鎮時一直受到霸凌。不過，他也非常聰明而討人喜歡，他母親不時提起他童年時下棋贏了大人的事。而我呢，比較有私立名校學生的味道，比他高十五公分。在我的故鄉，灌下一杯加酒的可樂，比讀完一本大部頭經典名著還令同儕佩服。

我們朝足球場出發，整整一個小時只顧著彼此交談。我印象最深的是那份感受，那種絕對的信念，相信這個人一輩子都會在我的生命之中。

「我當下就覺得我們氣味相投。」二十五年後麥克斯說道。「不過，我很納悶你怎麼會有這麼強烈的自我意識，畢竟你又不像我，三歲就沒了父親，你爸爸並沒有朝自己的腦袋開槍。」

＊＊＊

從那個十八歲的午後開始，麥克斯．史提爾不時出現在我的生活之中。我們可能好幾天沒說上話，不過二十幾年來，從未超過兩週沒聯絡。我們在大學時做了兩年室友，大三暑假，兩人結伴當背包客，一路從新加坡玩到北京，在印度洋被水母螫傷，往萬里長城外撒尿，還被趕出高級飯店的大廳，只因爲麥克斯堅持穿背心和夾腳拖。

那年夏天，我們說好，五十歲時要再玩一趟亞洲，屆時雙方帶著家人同行，住一樣的飯店。比較會賺錢的人負責買單。

旅程進行到大約一半時來到泰國北部，安排好與兩位來自紐西蘭的金髮背包客參加騎象野生探索之旅，這趟精彩行程囊括了像我們這樣的大男孩最期待的內容。沒想到，前一晚我們吃了一頓包含雞肉、玉米筍與冰淇淋聖代的大餐，之後麥克斯的肚子就引爆了，上吐下瀉，一發不可收拾。他癱倒在浴室地板，渾身顫抖，一身的嘔吐物。我做了唯一能做的事：把他泡進水裡稍事清洗，再用床單包裹住他，送他到最近的醫院。接下來的三天，我沒有騎大象、抽鴉片、追逐風花雪月，反而在急診病房外打地鋪；身旁除了麥克斯，還有一個奄奄一息的男人，這男人的家屬在角落搭了個禮佛神壇。

二十年後，在浴室地板嘔吐顫抖的人是我，而麥克斯拋妻棄子，專程搭機來看我。到這個時候，我才明白我們之間殘忍的連結：麥克斯的父親在他三歲時死去，那正是我女兒現在的年紀。最了解我的男人居然在我最恐懼的處境下成長。

＊＊＊

麥克斯．史提爾的家庭連續三代都是失怙之子，他的外公在十三歲喪父後，就開始推推車賣水果養家活口，麥克斯自己的父親也在年幼時失去父親，他說；「我爸是獨生子，所以奶奶無法忍受與別人分享他，另外，她又是個性非常悲觀的人。六歲時我參加一個兒童電視節目錄影，有人問我：『爲什麼奶奶愛你呢？』我應該回答可愛逗趣的答案，可是……我不曉得答案，我的電視生涯就此結束。」

我問：「那麼答案是什麼呢？」

「沒有答案。對於父母或祖父母來說，他們就是愛你，這是親情的本能。不過，我的人生卻少有那樣的親情。」

麥克斯的父親赫柏特是知名骨科醫師，極有魅力，積極進取，到了一九六九年秋天已經育有三個孩子。麥克斯說：「我父親相當聰明而且充滿野心，一心想有所成就，所以狠狠地逼迫自己。他當時受聘研究智力開發，壓力大到一起床要吃藥，放鬆要吃藥，工作要吃藥，睡覺要吃藥。他想當超人，到後來根本已經精神分裂。」

管家在他們洛杉磯的住家車庫裡找到赫柏特醫師，當時他手上拿著槍，心臟有個子彈孔，沒留下隻字片語。麥克斯的母親到幼稚園接他，告訴他：「爸爸死了。」十四年後，當我認識麥克斯時，他仍然相信母親的說法：純粹是意外擦槍走火。

麥克斯說：「母親等著我們開口問她，我認爲她的作法沒有錯。更誇張的是，我對這起事件完全沒有記憶，對我爸爸也毫無印象。當我看著我自己那兩個三歲跟四歲的孩子，忍不住想著：『孩子是從什麼時候開始清楚意識到爸爸的存在呢？』我肯定在自己不記得的層面裡曾受到爸爸的影響，卻一直想不起來。」

「你有保存什麼紀念品嗎？」

「我不是很在意物質。我在保險箱裡保存了一只錶。老實說，實質的物品對我來說無法代表父親，我是靠著從別人那裡聽來的故事跟他連結，逐漸發現他喜歡開玩笑，忠誠不欺，求知進取。這些特質我都有。」

對我來說，其中一項難題是女兒還不明白死亡的意義。我告訴麥克斯：「我有個朋友的丈夫最近過世了，朋友告訴八歲大的女兒：『爸爸死了。』女兒說：『嗯，我知道。那他什麼時候回來？』你當時了解你爸爸死了嗎？」

麥克斯說：「我六歲那年噩夢連連。」他停下來吸了口氣。「這故事實在難以啓齒。」他眼眶紅了，捏了捏鼻子，聲音變得低沉。「我夢見門鈴響了，我去開門，是我爸爸，可是他看起來好像剛從墳墓裡爬出來，跟殭屍沒兩樣，我不想見到他。」

「你認爲那些夢代表什麼意思？」

他說：「我認爲那代表了我的矛盾心理，一部分的我想要他，一部分的我很怕他，兩種感受互相拉扯，好像一條繃緊到快要斷掉的繩子。」

「假設過了十年，泰碧與伊甸跑來對你說：『你是跟我們爸爸最熟的人，我們跟你一樣沒了爸爸，我們該怎麼辦？』」

他思考了片刻。

「一開始我會說你多麼愛她們。我看著你因爲當了爸爸，整個人亮起來。我會告訴她們，你是個好爸爸。我相信，爲人父母所能做的最重要的事，就是以充沛的愛灌溉子女。我會以愛灌溉你的孩子。」

我問：「你會告訴她們怎麼面對痛苦嗎？她們應該面對痛苦，還是想辦法忘掉呢？」

他說：「這種事情是忘不了的，這件事已經成爲你生命的一部分，因此必須正面去發掘它的眞相——還要不時回頭想一想。猶太人每年緬懷死者的傳統相當有幫助，我每年哭一次，念一念哀悼祈禱文，然後情緒忽然就回來了，感覺到十分深沉的傷痛。

「不過，我還會做些別的事。我會跟她們說故事，當你失去某個人時，失落成了最鮮明的記憶，你必須建立與之對抗的記憶。我們去過這裡，做了這件事情，他帶你們去了那裡，做了那件事情。這麼做，能幫小女孩找到自己的聲音，她們會漸漸接受痛苦，並爲痛苦創造正面的價値。」

＊＊＊

坐下來與麥克斯對談前，我重讀那年夏天我們同遊亞洲所寫的日記。讓我感觸最深的，除了年少時拙劣的文筆，還有我對麥克斯的敵意。這份反感有一部分恐怕是來自我的不安全感；當時麥克斯比我自信獨立，令我十分惱火。不過另一部分是因爲他的固執；每天早上七點前一定要喝柳橙汁，對旅途中遇到的中國人講述以客爲尊的大道理，還喜歡炫耀他的瑞士刀是如何比我的好用。

五月三十日：「今天麥克斯讓我覺得有點討厭。」

六月八日：「我今晚實在很氣麥克斯。」

七月八日：「麥克斯不是貼心的朋友。」

我們居然一度決裂了三天。

回想起來，我們當室友大概是水火難容。麥克斯早睡早起，我卻剛好相反。麥克斯堅持每天早上健身鍛鍊，我卻不介意吃前一頓剩下的餃子。麥克斯有點潔癖，我只求過得去就行。

我們還一起看了場中文舞台劇。

不過，正由於我們熬過了那些考驗，才能成爲莫逆之交。在上海發生的事情在上海平息，留下來的情誼跟萬里長城一樣長久。年少時，這個朋友幾度在我身上刻了裂痕，而我們的連結卻隨著傷口漸漸癒合，變得牢不可破。

我希望他告訴女兒我們的傷是怎麼來的，當然，還有年少初次離家的我們是怎樣的人。除此之外，我希望麥克斯對伊甸與泰碧表現出他在我心中所代表的價值：忠誠的友人，看到我一路走來的努力，而不是放大我的不足；高尚的人格，盡己所能地服務他人；自愛的男人，堅持達到一己水準，而非屈服於他人標準。

麥克斯會教我的女兒如何生活。

我問那些價值從何而來時，麥克斯這樣回答我：「那和我青少年時期遭到霸凌有關。當時的我必須做選擇。我可以改變自己，讓周遭的人接受我；或者可以堅持做自己，不去管別人怎麼想。而我認定這個世界不可信，我要堅持做自己。」

由於那份自恃，麥克斯成爲我認識的數一數二專注而有效率的人，大學時參加優等生榮譽學會，曾在最高法院擔任書記工作，也做過會長主席級人士的法律諮詢顧問，還成立一個現在依然運作的非營利組織，鼓勵年輕人參與公職。麥克斯的自信與公正展現在一個非常無私的決定：同意讓長子查克里冠上妻子佛羅倫斯・潘的姓氏，佛羅倫斯是美國首府第一位亞裔美籍法官。

麥克斯解釋說：「這件事對我來說根本想都不用想。佛羅倫斯沒有兄弟，對我岳父來說，延續香火意義重大。說眞的，我認爲沒有道理小孩一定要從父姓。生第二個兒子時，我們就換過來了，諾亞從我的姓。」

我說：「你說得一副好像這是邏輯思考題的樣子。」

他說：「對我來說，這是均等親職*的一部分，我盡可能站在對方的角度看待事情，有些事我比較拿手，有些事佛羅倫斯做得比較好，不過這些事與我們擁有的特定XY染色體無關。」

*由父親和母親雙方合力擔負養育子女之責任的主張。

「這種態度是怎麼來的？」

他說：「一部分是文化規範，不過，以我的情況來說，一定也和沒有父親這一點有關。我更加珍視父親的身分，因為明白自己成長過程中缺乏什麼。雖然我覺得自己沒有真正的童年，現在身為父親卻正在享受童年，對我，這是為人父母最重要的一件事。」

我很少聽到麥克斯用這種口吻說話，那是知足的語氣。那種知足和平靜，有一部分是因為無父的男孩當上了父親。那天上午過來探望我之前，他與大兒子在菜園耕作，那天下午則透過電話念故事書給小兒子聽，和小兒子一起擔心黃金寶藏會被海盜搶去。那天夜裡，他仍然穿著背心和夾腳拖。也許麥克斯最難能可貴的地方，是他依舊會被高級飯店踢出門外，因為他看起來太像小孩了。

我說：「好，假設我們很幸運，五十歲時我們的旅程能夠成行；在這中間的三十年，我們會變得怎麼樣？」

「首先，這趟旅行我們去定了，『布路蘇』。」他用我名字的日語發音喊我。

「我認爲答案是，我們對彼此的愛更深，一方面是因爲我們彼此分享經歷，越來越熟識對方。不過，最重要的是我們是好朋友，需要幫忙時，身邊有人；有樂事想分享時，身邊有人。那個人拿起鏡子，讓你看到自己的改變。」

「我們會住那些高級旅館嗎？」

他鄭重聲明：「如果我得穿長褲、又不能穿夾腳拖的話，不住。」

「夾腳拖爲什麼這麼重要？」

他說：「跟鞋子無關。只是我想做正確的事。對我來說，正確的事情就是在熱帶地方不該穿太多衣服。」

看著他說話的神情，我心裡馬上浮現剛上大學時初識的那個穿毛邊短褲的鬈髮小子，一副書呆子樣又稚氣十足，打算狠狠贏你一盤棋，而且還能把不高明的穿衣品味編出一套道理來：無論你在哪裡，應該永遠忠於自己；無論你去哪裡，應該永遠把夾腳拖裝入行囊。

9 沙丘的啟示

剛認識的人聽到我是作家，往往會問我是否從爸爸那裡學會寫作。「我爸從來沒寫過比便條還長的文章。」我通常會這樣開玩笑。

不過，那可不是簡單的便條噢！

我爸爸是便條大師，是便利貼莎士比亞；能這樣言簡意賅表達長篇大論的人，我倒是沒認識幾個。

我們三兄妹從小就從房門底下收到大量剪報（後來改以傳眞方式，接著是e-mail，現在則是手機簡訊），每張都上有特定的代碼：R＆R代表讀後歸還（read &

return），兩個箭頭表示看完傳給下一個人。我們收過成千上萬張父親書寫的便條，內容以俳句寫成密碼。

你的意願／來討論／何時？

清門廊／週日早／戶長要求。

這些急件一概以心電圖般的草體寫成，簽字筆的墨水或藍，或紅，或綠，絕對不長於十個字。在發生壞消息的日子：我們怎麼解決問題？在重大轉變的早晨：別回頭看。

我爸讓「微網誌」都顯得囉唆。

爸爸過六十大壽時，我們收集幾條最值得懷念的「老爸學說」做成手工書。

不喜歡就別吃，不過別哇哇叫。
能用時間或金錢解決的就不叫問題。
只要你開口說話，就是在談判。

有些很刻薄，像是哪個小孩跌到地上，他就會冷言冷語：有沒有把地板撞壞？有些則相當明智，像是他對自己母親的阿茲海默症的看法：打垮父母比養大孩子還難。

其中至少有兩句話歷久不衰，它們出現在我成長過程的關鍵時刻，是最能體現父親在我心中形象的格言。

＊＊＊

爸爸是那種越老越好看的男人，七十歲的高貴紳士，頭頂禿了，銀灰色的鬢髮，令人想起老牌演員金・哈克曼。他曾是贏得至高榮譽的童子軍，當時瘦巴巴的，還有滿頭亂翹的鬈髮與小飛象的大耳朵。艾迪．法勒從小彆扭笨拙，弟弟史丹利則活潑有自信，他常常被弟弟的風采掩蓋。他們的父親蓋了一處社區，主要街道命名為「史丹利」，後巷才是「艾迪」。

父親說：「史丹利確實比較上得了檯面。我十五歲時，爸爸帶我們去軍用機場教我開車，我老是學不會，才十二歲的史丹利卻一下子就上手了，他眞是一點就通，永遠受人歡迎，懂得社交技巧，可以輕鬆打進我格格不入的場合。」

然而父親有的是修養與決心，除了有兔子的靈敏外，也有烏龜賽跑的毅力。他咬牙苦讀，在沙凡那高中名列班上前十名，又就讀賓州大學華頓學院與海軍大學儲備軍官課程。我問他怎麼成為至高榮譽的童子軍，他輕描淡寫地說：「既然已經動手了，就想辦法完成。」

有意思的是，如此克己自律的父親，難得一次的失誤居然成為他畢生的重要時刻，他稱之為「改變我生命的一刻」。他說：「一九五六年我加入海軍服役，被派去軍校受訓，成績相當好，所有職務任我挑，我選擇外派歐洲。畢業典禮前幾週，我翹了堂烹飪課補個眠，結果被逮到了，就被改派去維吉尼亞州的軍艦，因爲這樣才認識你媽。」

「所以，因爲你偷懶打混，才有今天的我們！」

「一點也沒錯。我平常難得打混。」

兩年後，在母親應該去密西根大學參加畢業典禮的那天，艾迪・法勒與珍・亞本修思在巴爾的摩結婚，珍的母親爲他們唱了首自編版本的〈狄克西〉小情歌。

他們正要走上棉花大地
艾迪與珍不會被忘記……
在南方大地他們將幸福無比
勇氣與薄荷涼酒會令他們神采奕奕。

隔年他們搬回沙凡那，在我曾祖母的老房子安頓下來。父親說：「我在一九五二年離開沙凡那，以爲再也不會回來了，沙凡那實在不成個樣子，沒空調，沒電視，唯一有電視的人家只看得到一、兩個頻道。許多馬路都沒鋪柏油，連市中心也一樣。難怪有人說，沙凡那像蒙塵的美女。還有，這裡的種族隔離作風也讓人很不舒服。」

沒想到，他的想法漸漸有了改變。父親說：「讀大學時，有個晚上我帶一個女孩外出約會，回程時在火車站對自己說：『我不想住紐約，沙凡那比較適合生兒育女。』」

他以退爲進，搬回沙凡那。到了一九六〇年代，沙凡那開始動了起來，父親靠投資住屋營造進帳頗豐，而我母親也懷孕了。當我哥哥在一九六一年十月出生時，卻發現新生兒的脊椎底部突出巨大的增生物，是一種稱爲「脊髓脊膜膨出」的罕見缺陷。爸爸回憶說：「好大的一團東西從安迪的身體掉出來，比他的頭還大。」

我的外公巴奇是著名的泌尿科醫師，當時也已趕到產房。爸爸說：「巴奇馬上上前搔嬰兒的足背，拉拉他的腳趾，並且斷定男嬰的脊椎神經完整無缺，還說有這種天生缺陷的人之中，每一萬個只有一個能走路，不過安迪可能就是那一個。」隔天，十三名醫師組成的醫療團隊移除了增生物，合攏了哥哥的脊椎。手術後，巴奇跟我母親保證，她的兒子可以正常生活，然後說自己要趕回巴爾的摩開刀。

一個月後，巴奇．亞本修思心臟病發而死。

爸爸說：「從那以後，只要聽見有人生小孩，我便會問：『小孩健康嗎？』」

在我哥兩歲以前，醫師每兩個月就要測量一次哥哥的頭圍，確定他發育正常。得知他正常發育之後，父母針對是否應該繼續生育，諮詢專家意見，醫師認爲沒有理由不試試看。

爸爸說：「一九六四年十月二十五日，包茲那醫師從產房出來，對我說的第一句話就是寶寶很健康。我鬆了好大一口氣。畢竟，我們已經擁有過萬分之一的幸運寶寶了。」

＊＊＊

回想童年時代父親的形象，他通常是坐著的，在餐桌桌首切烤肉，在客廳抽菸斗，在海灘讀小說。我印象極深，在我讀高中時，他每晚都會來到我的臥房，拉張椅子坐下，問我想不想談一談。我通常揮手要他離開，繼續埋頭做功課，不過我確實感受到，他很樂意分享經驗、提供建議。

他很喜歡運動，不管是打羽毛球，晨間慢跑，或是散步。他傳達的價值觀則有如君王一樣穩固：智慧、恆心、沉著。他完全就是泰然自若的一個人。

當我思考他以父親身分傳遞的智慧時，有兩段雋語顯得特別不同。

第一段是在我十三歲時。我參加猶太成人禮那晚，父母邀請朋友來家中作客，宴會快結束時，父親喚我到酒吧，點了杯琴湯尼交給我。他說：「你現在是男人了，要爲自己的行爲負責。」他又補了一句，如果我喝太多，打電話請他來接，那會是他最開心的事之一。

那一刻，艾迪．法勒表現出典型的父親形象：充分信任，含蓄地表達情感，不時輕推我們離開安樂窩。他常常用這種方式讓我們明白，他是我們的啦啦隊長，他讓我們站上他的肩膀躍入天際。他所期待的無非是：有一天他的名字登上報章雜誌，而且被排列在「逗號之間」，例如「布魯斯・法勒，艾迪・J・法勒夫妻之子，達成了某項成就。」

直到我自己也爲人父母，我才比較明白父親的想法。比喜樂更喜樂的喜樂不是光，而是反射，比滿足更滿足的滿足不是攀升，而是傳遞。

逗號之間——爲人父母最深的期待。

＊＊＊

爸爸教我的另一課發生在我二十三歲時。一九八八年，我在日本教了一年中學英語之後，返回沙凡那。那時我常常在家書上寫道：「你們絕對不會相信我遇到什麼事情」。常有不認識的人對我說：「我喜歡看你的信。」我看著對方，感到十分納悶。原來我奶奶把我寫的信影印下來，還傳來傳去供人閱覽。這使我突發奇想，

「說不定我可以寫書。」

當時我二十三歲，不認識任何作家，對於出版業一無所知。不過，我有祕密武器──那就是我爸爸。一次父子倆在海灘散步時，他鼓勵我試試看。

他說：「你哥哥當初在考慮要不要搬去英國住一年，我跟他講了一段話，現在我也會跟你說同樣的話。用一年時間試試看，等到你五十歲，你等於花了生命的百分之二去實現夢想，當你回頭看時，你會發現那是美好的百分之二。」

百分之二守則。

在我人生中，很少有其他事情能像這樣，到頭來證明是這麼百分之百地正確。

＊＊＊

癌症治療進行了幾個月後，琳達和我收到一封罕見的父親來信。信的開頭是這樣的：

親愛的布魯斯與琳達：

一九五九年三月二十九日，美國海軍批准我退役。我接受過良好的教育，也到過世界許多地方，但我選擇定居沙凡那，因爲那是我見過最適合養兒育女的地方。我那充滿活力的愛妻同意了。我們開著新買卻沒裝冷氣的雪佛蘭（價值二千一百八十一美元），從安納波利斯一路開到沙凡那。我立刻開始替捷運開發局工作，第一天上班是一九五九年四月一日星期三，而我現在仍然堅守崗位。

五十年來，我只做過一份工作，住過一個城市，娶過一個太太。

父親解釋，這封信他擬了二十次草稿才寫好，寄給我們三個孩子。寫信的靈感來自一場商業午餐，會上有位友人問他好嗎，父親回答：「我有三個孩子，相處融洽，了解金錢的意義，遵從職業道德。其餘的就不重要了。」他的朋友回答：「這個房間裡所有的人我都認識，沒有其他人說得出這番話來。」

我往下讀，這整封信都在推銷他「家庭第一」的人生觀；因爲他個人經歷過三次經濟大蕭條與兩場颶風、擁有四個孫子，加上我又得到骨性肉瘤，父親才建立起這樣的人生觀。他寫道：「我們打算延續這個人生觀。」

後來我問他，他會帶孫子到哪裡傳遞這項人生觀。他說：「我會帶他們去泰碧島的沙丘，告訴他們，四十年前頭一次在這裡散步時，這些沙丘只有丁點大而已。今天卻跟山一樣高大，有牧草，有松樹。」

他繼續說道：「沙丘讓你明白，你是連貫存在的一部分。改變需要時間，所以別急，也要認清自己的極限。不過，若是你不時回顧歷史、了解自己如何來到這裡，你對未來會有更妥善的準備。」

這封家書的末尾寫道：

我暫時不會到其他地方（希望如此），因爲我們在一起建立一個家的工作是這樣有趣，這樣有收穫。請接受我個人的感謝，感謝你成爲我們團體中如此重要的一分子。

信末，他以自己父親會贊許的方式簽了全名。「附上深厚的情感，艾迪・J・法勒。」不過，署名前的敬辭是用打字機打上的，但他又把這一行字統統槓掉，改用藍色簽字筆潦草地寫了五個字，那五個字夾帶著一抹親切，顯示他從上一代的失策學到了教訓。

愛你的爸爸

10 失落之年記事——卷三

十月一日

親愛的親朋好友：

正當夏日逐步遠去，九月成了這段日子裡布魯克林最動人的月份，明亮的天空，清朗的夜晚，涼而不冷。我們開始感受到陣陣的秋意，還弄了一大堆的南瓜與蜘蛛網噴筒——小朋友最愛的萬聖節快到了。

幾週前，我父母與岳父母特地來為琳達慶祝重大的生日。（泰碧逢人就說：「媽咪四十歲了！」）這天碰巧是我第三輪化療的開始，我整日臥床，爲的是當晚能有充分的體力在餐廳直挺挺地坐上幾個鐘頭。餐後，我撐拐杖到洗手間，並請服務生在巧克力蛋糕上插一根蠟燭。蛋糕送上來了，卻沒有蠟燭，我差點發飆。侍者連忙道歉，不一會捧上單球的檸檬馬鞭草雪酪，上面插了根蠟燭。琳達屏住呼吸準備吹蠟燭。這是第一次我們毫不懷疑她許下了什麼生日願望。

我們都有同樣的願望。

從得知罹患骨癌起，三個月過去了，我們現在比較能適應新的生活常態。手術前，我預定接受四輪的鉑帝爾與艾黴素化療，現在已經做過三輪了，每次大約會被打垮十天，而所有人不知怎地都設法順應了不適、疲憊和混亂。看來這些治療可能正在發揮正面效果，我的腫瘤縮小了約三分之一，血液中幾項警告數值已經回到近乎正常的水準，走路時也更靈活了一些。平日嚴謹的腫瘤科醫師說：「你一腳把癌症踹開了。」外科醫師評論道：「只有綠燈，沒有黃燈或紅燈。」

不過，我也說過了，兩位醫生之前就讓我做好心理準備面對現實：未來當腫瘤縮小之際，我的身體就得承受療程的折磨，眾多併發症將繼續在每一輪治療時徘徊不去，手術本身也將造成重創。不過，他們同時也開心地將第三種毒性更強的藥物加入藥單中，這個月我將開始服用四輪的高劑量滅殺除癌錠（Methotrexate）（疑問：爲什麼化療藥劑聽起來都像是漫畫中壞人的名字？有八隻手臂的邪惡鉑帝爾已被打倒，卑鄙的滅殺除癌錠正伸出魔爪……）。滅殺除癌錠一週一劑，而非兩週一劑，所以我們得鼓起十足勇氣，準備面對手術到來之前無情的幾個月。

那麼，家裡的情況怎麼樣？挑戰依然嚴酷的挑戰。打從婚禮過後我就沒有這麼瘦過，頭上無毛，還得撐拐杖。這週連感冒也來插一腳，病癒的時間比正常人多了三倍。前幾天，我躺在床上喃喃自語：「再也不會有好事降臨在我身上了。」後來我做了夢，夢中出現熟悉的家中景物，但我已病故。最後，我走進書房，看見書桌上擺的是別家小孩的照片。我從喉嚨深處發出淒厲的吶喊，驚醒了過來。

眼前的處境浮現另一項陌生的挑戰，令我們難以招架。在我們這個年紀，許多友人正在處理與日益老邁的雙親有關的問題；儘管這些問題令人不快，我們多數人心裡都有底，知道遲早要面對，也知道很多人已經在面對。不過，當病患的四位父母仍然健在（把岳父母也算進去），生老病死的自然順序隨之顛覆。我們之中少有人能從容處理這種現實狀況，尤其當父母暫時搬進來住一陣子時。

我不只一次對母親擺臭臉，因爲她把我當孩子對待，甚至過度深入打聽我的排便狀況或性生活（我沒去查威而剛是否會抵銷鉑帝爾的藥效，不過謝謝你關心）。客房冷氣故障，岳母找人來修，我卻咆哮怒罵。其他的姑且不說，我們此刻是需要雙親的，也感謝他們爲了協助我們一家，而打亂了自己的生活步調。不過，一家人要重新適應新規則並不容易。

至於琳達，這陣子她的生活可說是一團糟，從每天的保險攻防戰，到不時拖著沉重步履在候診室徘徊，還得面對沮喪得不肯從枕頭抬眼看她的丈夫。我不時出神發呆，琳達不斷說「我很替你難過」或「這種事不應該發生在你身上」，她的話卻安慰不了我。每晚睡前，我都要重複一套動作：放下拐杖，把外褲內褲褪到腳踝，戰戰兢兢坐到床上，再把外褲內褲從右腳往上拉出來，然後以雙手小心抬高左腿，再把褲子從左腳踢掉。接著倒過來重複整組動作，把睡褲穿上。如今，這麼一個再簡單不過的日常程序，卻讓我將近整整一分鐘氣到肚子絞痛、滿懷屈辱。最近一晚，我再度執行了這個睡前儀式。

琳達端詳我的表情，關心地問我：「怎麼了？」

我氣呼呼地說：「怎麼了？我的人生爛斃了。」話一出口我便後悔了，連忙抱住琳達親吻她，說：「我正在毀滅你的生活，我覺得好難受。」

即使面對這樣的痛苦，過去幾個星期，琳達仍然想辦法在生活中尋找樂趣，讓女兒度過精彩的夏天，包括到鱈魚角的外公外婆家，也和我父母一家到泰碧島度假。琳達的朋友準備了大量的杯子蛋糕與按摩替她慶生。琳達預計在未來幾個月前往加州、阿根廷與杜拜短期出差，那段時間我們會很辛苦，不過我很開心她能夠成行。

過去這段時間，兩個女兒表現得很棒。除了少數幾次小狀況外，泰碧與伊甸越來越懂事，焦慮徵兆也少了許多，今年八月在海灘學會游泳令她們非常開心。她們每天到處蹦蹦跳跳，唱著她們最新的主題曲——出自電影《眞善美》的插曲：〈我馬上就十七歲了〉，最可愛的是，她們完全沒有準備好面對歌詞中所說的「男人的世界」。另外，她們非常喜歡看書，還經常糾正我們的拼字呢。

幾週前，我們曾經面臨重大危機。在定期的午茶聚會上，一位朋友問我們可愛的「紫妙妙」（伊甸）與「粉紅妙妙」（泰碧），她們最喜歡什麼顏色。伊甸按照多年的偏好回答「紫色還有彩虹」，接著，泰碧卻顚覆了同樣多年的粉紅色堅持，居然也回答「紫色還有彩虹」。時間霎時停止，天空劈裂，我們做父母的感覺正在目睹女兒意義重大的蛻變。琳達正準備要鼓勵這個長大的跡象，我這個爸爸卻立刻插手干預。「媽咪已經給你買了粉紅毛衣、外套、手套、雪衣，花了好多好多錢。要是你不肯再穿粉紅色的衣服，我會嚇一大跳噢。」幸好舊世界的秩序迅速恢復。

那麼，整體情況如何呢？與癌共存數月後，我依然認爲，比起在外頭冒險犯難，家還是比較舒適的。這裡人人都知道我病了，當然也比較安全。當我開車經過熙來攘往的街道，往車窗外看著行人，往往自忖：「這傢伙沒得癌症，那個也沒有。」要是看見有人漫不經心地走路，我會忍不住感傷又氣憤。「你知道你有多幸運嗎?!」我眞想對著他大喊。最近有人對我說了一句話，我覺得很有道理：「我們每個人都被一把槍瞄準著，卻常常忘記這件事。」好歹今年我們不會忘記了。

不過，我們從四面八方收到眾多信函與問候，讓我們明白自己並不孤單。儘管每個人都在一己的生活大道上趕路，仍有看不見的浩繁眼眸在照看我們。

感謝你加入其中。假如這些信函能讓你在忙碌的一天中，暫停了即使只是短短幾分鐘，也許可以讓你細思那些對我們一家帶來意義的善意表示。週五時寫封書信給久未見面的友人吧，聯絡一下你好久以前親吻過（或斷絕關係）的某人吧。記起一個被遺忘的心願吧。

或者，替我去散散步吧。

Love,

Bruce

11 夢想爸爸大衛 不要被牆擋住路

我第一次和大衛・布雷克見面，是在他的辦公室。他坐在藍色天鵝絨桶背椅上，往曼哈頓第五大道上的熨斗大樓*方向眺望。在最佳情況下，套上牛仔靴，他會有一六二公分高。他像巫師一樣搓著手指，熱切地往外凝望著什麼，彷彿一頭準備突襲的貓鼬，讓自己顯得既討人喜愛、卻又擁有殺死眼鏡蛇的能耐。

在邁入寫作生涯的第六年，我遇到了瓶頸。那時我已經出了三本書，眼前卻不

* Flatiron Building，紐約地標大廈之一，因三角造型而得此暱稱。

知該怎麼走下去。在走投無路之際，我毅然脫離了我母親熟識的經紀人，另尋協助。大衛・布雷克辦公室的牆上列出一大群暢銷作家，還有他幫忙推上舞台的好幾位新秀。朋友推薦大衛・布雷克，說他可以扶我一把。大衛是運動迷，是健身狂，他還有某種其他在我名單上的人選所沒有的特質：屌。

一見面，他就顯示出這一點。他看了我一八五公分的身高一眼，在我還沒坐下前便宣布：「我要有你的身高，就去打NBA了。」

自欺是件美好的事，不過逞能更加漂亮。

尤其在一個文學經紀人身上。

我們見面後不到幾天，他打來好幾通電話，說我過去實現夢想的策略全都錯了。對於一個被擊垮在挫折高牆前的夢想家，這句話充滿魔力。我迫不及待地簽下合約。

只是，我仍舊不解：我要怎麼翻過這座牆？

＊＊＊

爸爸後援會帶來意外的贈禮：逼迫我與好友坐在一塊，說出他們之於我的意義，然後請求他們爲我的女兒扮演重要角色。隨著治療一天天進行，手術越來越逼近，後援會的成員即將到齊。傑夫每日的明信片在床邊累積，麥克斯從兩週一通電話增加成一週三通。而藉著邀請這些男人進入我們生活的最深處，我們正在建立一種新的關係。

再者，由於面臨這樣的情況，我們不得不坐下來討論人生，我開始察覺這些男人之間的某些行爲模式。首先是新類型的男性特質，與我的祖父輩完全背道而馳，甚至與我父親也不一樣；我父親與他相交最久的男性友人僅僅維持淡然的關係，而我們這群男人不時聚在一塊聊天，更重要的是，我們聊的內容過去只會出現在女性雜誌與談話節目中：我們談孩子、心情感受，甚至身體。

在我看來，朋友之中最能表達出這種現代男子氣概的新式語言的，莫過於大衛・布雷克。大衛既是男人心目中的男子漢，也是女人心目中的新好男人。在陽剛方面，他總是以「喲，有屁快放！」的問候語接起電話，且好勝心超強，常聽他極力推崇某些鮮為人知的酒款，甚至買了敞篷跑車慶祝五十歲生日（其實他跟多數男人一樣沒耐心，在四十九歲就下手買了）。

在新好男人方面，他常提早下班去少棒聯盟當教練。他會給人擁抱。若朋友發生不幸的事，他會頭一個打電話，而要是你心情盪到谷底，他也不忘在深夜表達對你的關懷。還有，他會親手烘烤小點心。有人問我邀請大衛加入爸爸後援會時，他是不是感動得哭了。「大衛在你邀他去散步時就哭了，」我說。

這種既剛又柔的性情，有一部分和童年時對身材的強烈自卑感有關。我問他年輕時什麼樣子，他說：「粗又短。」我問：「什麼意思？」他回答：「胖。」

大衛在皇后區傑克森高地出生，父親希勒爾・布雷克是出版社編輯，經手的第一本書是唐莫瑞的《在白人郊區奏捷》。老布雷克對該書描繪的市郊住宅區相當嚮往，因此在大衛八歲時舉家遷到那裡。

大衛說：「我父親習慣週五在家工作，我要他陪我玩，他不肯。他總是坐在那種老式收音機旁聽歌劇。我小時候好討厭歌劇，因爲老爸永遠不會過來陪我玩。我直到今天還是不喜歡歌劇。」

他是因爲父親而對書和出版業心懷憧憬嗎？

「我尊敬父親的工作，不過完全不想走這一行。我想替自己工作。小時候我想要一套立體音響，父母說我可以買，不過得自己存錢。所以我騎腳踏車挨家挨戶送報紙。幾個星期後，有一次我送報時，我媽開車到我身邊說：『你爸跟我討論過了，我們決定買音響給你。』我說：『媽，你快走吧，我還要送報呢。』」

大衛這種凡事靠自己的個性，有時像頭牛一樣又硬又倔，卻成了他最鮮明的特質。二十一歲那年，他充分發揮這樣的個性，克服童年時最大的困擾。大衛說：

「那時我在梅西百貨工作，發現自己胖了不少，所以開始慢跑減肥，五個月瘦了十八公斤，接著報名馬拉松。這是人生中影響我最深的經驗。很容易嗎？才怪哩。不過它讓我明白，只要動手去做，就有辦法完成。我回想起送報的日子。只要定下目標，我一定會拼命衝過去，沒有什麼擋得住我。」

連他的父親也擋不住。

大衛說：「我越跑越順。距離終點只剩兩公里時，我爸跑到馬路上，開心地對我打招呼。我淡淡地瞄他一眼說：『滾開。』話一出口我很懊惱，不過我知道自己正在做什麼。這是屬於我的時刻，沒有人能夠打斷它。毫不意外，一週後我認識了我太太。」

我問：「你把遇到梅麗莎歸功於馬拉松賽？」

「我那時自我感覺良好，我準備好了。男人大半不會說出對身體的擔憂，不過我跟你賭，多數男人都介意這件事。你在街上看過肚子掉到腰帶外面的男人嗎？他一定邊走路邊生自己的氣。你對自己感覺差，就不會快樂，我會告訴你女兒這句話。」

＊＊＊

這一類新品種男人有個特徵：傳統的男人友情界線不再適用。大衛是好同事兼朋友，而今也是好朋友兼同事。爸爸後援會中，最了解我的工作的是大衛，而且他就住在附近，比他更了解我居家生活的人並不多。我們兩家定期一起過節，在萬聖節時登門拜訪，在超級杯足球賽時圍著同一台電視，還一起慶生（大衛跟我同一天生日，不過，啊哈，他在我之前單獨過了五年的生日）。

這種情誼有個好處：當工作與家庭渾然一體時，協助你做工作上的決定的人了解某個決定對你私生活的影響，使你不用多費唇舌。不過也有缺點：你會更難逃脫，如果出了狀況，你會更難申辯。面對大衛，這兩種經驗我都有過。

在這個多數夢想不會成真的世界，文學經紀人有如夢想的掮客，而大衛最優秀的技巧、也是琳達與我最希望他與女兒分享的天賦，正是他的這一面：操作抱負與挫敗的手腕。大衛能鼓勵女兒想像不可思議的目標，然後當目標顯然是難以企及時提振她們的士氣。

大衛會教她們如何做夢。

大衛・布雷克一開始是在一家紐約大型文學經紀公司分送郵件，展開他的出版業生涯，接下來到另一家公司當總機，最後鼓起勇氣另起爐灶，時年二十九。「小時候，有天我跟老爸在前院散步，他對我說：『兒子，我其實不在乎你做哪一行，有自己的事業就好。』那句話讓我印象深刻，我組公司的那天，打電話給我父親說：『布雷克公司有一百股，你正在跟擁有所有股份的人說話。』」

「你會怕嗎？」

「一直到簽下第一張薪資支票時才有點怕，那時我才明白，員工的家人有飯吃，和我正在做的工作有關。」

「你什麼時候知道自己會成功的？」

「我從來沒想過不會成功。」他的眼睛眨都不眨。

大衛具備某些才能，讓他在這份工作上有所發揮。他思緒有條有理，有些急躁，使得他能在粗略的書籍概念中抓出架構。我想花一年時間跟著五位那什維爾的鄉村音樂藝術家巡演，他勸我減成三位。他是對的。他有企業家精神，卻不甚認同企業文化，這一點有助於他構思出富有創造力的商品。我說想自費出版一本在中東旅遊所拍攝的攝影集——這是一個鐵定賠錢的狂想。大衛建議讓出版商和我合出費用，分攤利益與風險。書果然順利出版了。

不過，最重要的是，他容易感動，加上徹底了解自身的不安全感，所以有辦法處理客戶的情緒垃圾與無底的不安全感。我們認識一年之後，大衛想辦法把我的第四本書的版權賣掉，但一時不慎，使得我一夜之間少了一年的收入。我很慘，他卻比我更懊惱，至今依然說那是「我做這一行最丟臉的經驗」。當我在工作上再次面臨重大阻礙時，大衛飛越半個美國，睡在我家沙發，發誓會陪在我的身邊。這是我們之間共渡難關的默契。

大衛說：「所以你登上暢銷排行榜那天我才會哭了。」

七年後，當我的人生沉到谷底，也就是琳達和我與赫利醫師首次會面的那一天，大衛來我家幫我套上鞋子，把背包掛到我的肩上，看著我走出家門。而我搖搖晃晃走下樓坐上計程車前往醫院，進入一團未知的混沌中。

事後，在淚水與恐懼之後，在毒素開始蹂躪我的血液之後，在我完全停止寫作之後，我問大衛，他從這些年來身爲夢想策畫者的經驗中學到什麼，什麼是你能給夢想者最重要的禮物？

他毫不遲疑地說：「相信他們成功的能力。當你相信他們，你就給了他們力量相信自己。」

我說：「可是，當我頭一次走進你辦公室的那一刻，我並不相信。我努力追尋夢想十年了，卻還沒實現它，我撞牆了。」

他說：「我不去看牆，你也要跟我一樣。當然，你可能偶爾遇到一堵牆，可是你會拆牆，會走過去，會找到方法爬過去，或繞過去，或從下面鑽過去。你承認它的存在，可是你會超越它。不管你做什麼，就是不要屈服，不要對牆讓步。」

我說：「好。二十年以後，泰碧或伊甸一屁股坐到你的辦公桌前，她有個夢想，想開餐廳、爬喜馬拉雅山、還是跑馬拉松賽，或者想寫書，可是她很害怕。**我不行，太難了，我沒錢**。你會怎麼說？」

他說：「我會告訴她：『我們坐下來弄清楚什麼是可能的，我們來擬一張登高路線圖、餐廳開業企畫書或一本書的大綱。把普通的事情做得很好玩。』」

在這種時刻，大衛的口吻失去了一貫的逞能與威嚇，完全捨棄了鬥狠的陽剛氣，反而像耳語似的，充滿著那矮小男孩的心情。那男童孤單一人在後院，就等著歌劇唱完，他知道不相信自己是什麼感受，知道渴求無法擁有的事物是什麼感受。

我問：「那麼，假如由於某個原因，夢想竟然失敗了呢？」

他說：「我會告訴她：『我們來找個行得通的夢想。』也許不是最大的夢想或當下的夢想，卻是可能實現的夢想。在我的經驗裡，任何人都能夢想不可能的夢想，不過只有少數人能找到可以實現的夢想。

「那些正是比較快樂的人。」

12 用講的

早在罹癌很久以前，我會偷偷跟自己玩一個和孩子有關的遊戲；一來回顧記憶，二來消磨時間。在遊戲中，我猜測她們記住了什麼，雖然我永遠不會知道答案。

她們可能記得我們一起騎單車穿過沙丘，或是在後院種花，或是在海灘堆沙堡，這些活動引發她們做出美好的反應。她們開心不已，迸出更多新點子，或只是擺脫那張網住童年的繁複蛛絲。而我暗暗告訴自己：**這就是她們將永遠記得的一刻，這就是將成為這個年齡標記的特殊體驗。**

我生病以後，這個遊戲多了一種迫切感。朋友安撫我：「別擔心，你女兒這麼小，她們以後會忘掉的。你記得多少三歲時的事呢？」這種說法根本安慰不了我：如果女兒對這幾年的記憶很少，那表示我要是死了，她們對我的記憶也會很少。

還有更令人不安的事：由於我走路有困難，我和孩子能夠共同創造的回憶類型跟著受限。我轉而求助於她們真心熱愛的另一項東西：文字。

療程進行幾個月後，有天我邀請泰碧與伊甸到我床上。我說：「來念故事書吧。」她們歡聲尖叫，抱了一堆最喜歡的書過來，有《芭蕾小精靈》、《糖豆熱舞》和《寶藏王》。一個小時裡，我這個做爸爸的對真人圖書館的幻想成真了：又是咯咯笑，又是戲劇化的朗誦語調，還有隨著書中情節出現的憂心的表情與嘶啞的歡呼。這些書不是保母，是橋梁。

讀到大約一半時，我闔上書宣布：「小妞妞，我想跟你們說一件事。」我的聲音變得非常感傷而誠摯。「如果你們永遠愛看書，你們會永遠快樂。」她們點點頭，重複我說的話，然後眼光又回到書上。

突然，那個感覺浮上心頭，我心想：**就是現在，這就是她們永遠不會忘記的那句話，這就是她們和初戀男友躺在校園中庭講述成長故事時會提起的一段**。

我激動得說不出話來。有癌症的一天，就是有淚水的一天。不過，遊戲時間即將結束，所以我設法再度引導她們的注意力。我說：「謝謝你們花時間陪爸爸，要記住……」

我望著她們，希望她們重複我剛才的話。我希望她們會告訴我，我們一直在交流，我希望她們跟我保證，她們會永遠記得我是誰。

我說：「如果你們永遠愛看書……」泰碧搶著回答：「你們會永遠聰明。」

哇，成功了！

我仰天狂笑。

＊＊＊

女兒剛出生時，身爲新手父母的我們簡直是人仰馬翻。初期是一陣混亂：阻塞的乳腺、不時討奶的小嘴、足以堆滿整座垃圾場的尿布。我們面對最大的挑戰，不是缺乏睡眠或者拍不出來的飽嗝，而是同時替兩名新生兒哺乳的高難度體操。琳達可以接連餵她們兩個，這麼一來，她幾乎回到臥床安胎的日子。或者，她可以利用「雙足球」招式，在兩邊臂膀底下各抱緊一個嬰兒，像是迫不及待抱球跑回去。兩種方式都不怎麼方便。結果，我們在頭一週餓著一個，摔了另一個。連醫生都替我們擔心。

最後，我們採取奇怪的姿勢，一次哺乳動用三名成人。琳達備妥食糧，另外兩名大人各抱住一個。我們以電腦試算表按時記錄誰吃了什麼？喝了多少補給品？排尿量多少？排便量多少？這套固定程序進行了幾週以後，我說給一桌的朋友聽，提到我們多麼努力替女兒哺乳。「我們？」一位當媽的朋友嚴詞糾正我。「你是說她吧!!」

「不是。」我加強語氣，替被遺忘的父親插下一面旗幟。「我是說我們!!」然後我繼續訴說我的受難故事。有一次出門兜風時，我跪在休旅車副駕駛座的車門外，雷陣雨重重打在我的背上，而我抱起一個女兒，像是對上帝獻上燔祭品，以便讓她吸吮琳達的乳頭。我告訴整桌的友人：「這是頭一次有個女兒說她討厭爸爸，所以我還得再改良這個姿勢！」

（特此強調，其他母親並未因此而對我另眼相看。）

我們找出讓女兒存活的方法後，終於可以考慮她們的心智發展了。打從一開始，我們便對語言能力的發展感到不安。身爲雙胞胎的父母，最常被問到的問題是：「她們會自己發明語言嗎？」雙胞胎相互對話，或「自解語症」，是雙胞胎發展出外人不解之祕密語言的症狀，主要是因爲一般孩子靠著模仿四周的大人而學習說話，但雙胞胎彼此互看的時間多過於看父母。還有，成人鮮少個別與雙胞胎面對面說話，反而常常將她們視爲一體。

清晰發音成爲我們的執著，於是語音教學變成了我們的重點。不去想當星爸星媽了，我們是雙母音爸媽。不管是遺傳還是過度補習，這個程序奏效了，女兒會走路之前就會說話；一歲前學會ＡＢＣ；到了十八個月大，看菜單或型錄會看到入迷；到了兩歲半，會以神仙保母*的語氣朗誦蘇斯博士的童書。她們使性子時，我們要求她們：「用講的。」不過更常要她們別說話。「不准說話，去睡覺！」誰有自解語症啦？我們女兒好愛說話呢。

除非有旁人在。門鈴響起時，我們家的話匣子立刻開始熱中起默劇來。爲了避免她們害羞，我們設計出問題清單讓她們詢問每位訪客：你生日是哪天？你早餐吃什麼？你最喜歡去哪裡？最後她們加上自己的問題：你最喜歡迪士尼的哪個公主？就在那時候，我們知道換其他遊戲的時候到了。

我們把這個遊戲稱爲「小小記者」。有天在機場，爲了打發時間，我讓女兒到遙遠的角落數椅子、弄清某種標誌的顏色，或去問問其他旅客來自哪裡。兩個女兒先報出自己的名字，再報告調查結果。

不過，我們發現，透過文字建構意義的最有效工具，是我小時候每天玩的遊

* Mary Poppins，迪士尼一九六四年經典名片《歡樂滿人間》（*Mary Poppins*）裡的主人翁，下凡從事保母工作幫助小朋友。

戲：壞與好。在我們家裡晚餐是相當神聖的，我們三兄妹在下午可以盡情玩鬧，不過晚間六點的晚餐可得中規中矩。每晚我們遵照同樣的慣例，受命的主持人繞桌依次詢問每個人：「你今天遇到什麼壞事？」我的父母也會說出自己的壞事；在這個「面對挫折」的家庭輔導活動中，他們坦然表明自己也有弱點——這就是遊戲的意義。唯一嚴格的命令是：「不能批評別人的壞事。」

下一輪的問題則振奮人心。「你今天遇到什麼好事？」我們都了解以積極態度作結的益處，不過這個遊戲本身令人難以抗拒，且讓家人更為親密。

當琳達和我開始與女兒玩「壞與好」時，她們起初並沒有掌握到規則，會重複**她們的**壞，「我沒睡飽」，或者模仿對方說：「我跟她一樣。」不過到後來她們越來越勇於表達感受：「姊姊偷我的皇冠」或「媽咪整天陪我們！」遊戲成了表現她們個別特質的方式，也顯現出不管哪個年齡，都可以碰觸困難的話題；彼此的觀點難免互相衝突——只要學會別輕易批評。

＊＊＊

因此，當我們沒有遵照自己的忠告，驚訝的感受竟是更加深切。

到了秋天，我又做了幾回化療，身體狀況越來越差，體重像眼淚般直直滑落，免疫系統功能退化，眉毛和睫毛同秋葉一塊掉落。更讓人心煩的是，我一再住院。這種長達五日的監禁會忽然到來；早上可能有點不舒服，但是還不要緊，到了下午就發高燒，不得不趕緊送急診。我的白血球與紅血球數量降至低點，使得我容易感染傷風、流感、肺炎，以及多數學齡前兒童帶原者定期帶回家的其他接觸傳染病，我每項都感染上了。我們趕緊添購大批口罩。

不過，最重大的決定是我們不告訴女兒我去了哪裡。持平而論，這多半算是我的決定。女兒不知道什麼是醫院，我不想讓她們擔心。

這眞是天大的錯誤。

十一月初，在斯隆卡特琳治癌紀念醫學中心十二樓禁錮五天後，我返家繼續履行睡前對女兒的義務。這幾個月來，我玩一種遊戲，要她們各自說出兩個希望在故事裡聽到的東西，然後我把這些東西編進故事裡。我喜歡這個遊戲，因為它是每晚的高空走鋼絲特技表演，比起任何研究所研討課程，教了我更多關於說故事的技巧。女兒喜歡這個遊戲，因為特別有參與感。泰碧通常堅持要有粉紅色的東西，伊甸則一律要求兩個穿禮服的女孩。

從醫院返家的頭一晚，我問她們希望故事裡出現什麼。泰碧說：「粉紅色青蛙和草莓冰淇淋。」伊甸則說：「沒有家人的兩個女孩。」

糟糕。

隔天上午，伊甸突然嚎啕大哭，我帶她到哭泣專用座，問她：「你為什麼想要兩個沒有家人的女孩？你有沒有家人？」

「有。」

「誰？」

她指著我，然後補充說：「還有媽咪和泰碧。」

「你有時候會害怕沒有家人嗎？」

她點點頭。「當你跟媽咪不在家時。」

我幾乎不想問下一個問題。「爸爸這週末不在，你會害怕嗎？」

伊甸說：「我非常非常非常非常害怕。」

我的心一沉。那天下午我們接到老師的來電。「小朋友這陣子有點太常黏在一塊，家裡有什麼狀況嗎？」於是那天晚上我發明了新遊戲，叫做：「你想問爸爸一個問題嗎？」

伊甸先問。我帶她到書房，小心解釋爸爸離家期間到醫院去了，醫生會照顧爸爸。她對醫院有任何疑問嗎？

她問：「你睡哪裡？」我解釋說醫院有床。「會痛嗎？」不會。

輪到泰碧時，她追問得更加深入。「他們用你皮膚底下紅紅的地方幹嘛？」「他們怎麼看見你的裡面？」「他們在你身上刺出洞時，怎麼把傷口關起來？」最重要的問題：「你在哪裡吃東西？」我告訴她醫院有餐廳時，她眼睛一亮。「爸爸，我們講話講太久啦。」然後她衝出房間。「伊甸！伊甸！你知道嗎?!醫院有餐聽耶！」

她離開後，我領悟到一件事：我自以爲是的想保護她們，結果證明又是一次把事情搞砸的魯莽行爲。更糟的是，我居然忘了我和琳達最常對著她們喊的那句話：用講的。果不其然，我們清楚說明了我常常到哪裡去以後，她們的焦慮立即煙消雲散。

而我想起《聖經》裡我特別喜愛的神旨之一，那段文字出自《創世記》的開頭。秩序前有混沌，光明前有黑暗，唯一強勁得足以克服混沌的力量是什麼？上帝怎麼創造世界？

祂用講的。

13 失落之年記事——卷四

十二月一日

親愛的親朋好友：

過去幾個星期，風雨與寒氣一波波掃過布魯克林，樹葉自遮蔽我們狹小後院的巨楓上飄落。隨著日照變短，褐石住屋的暖氣好壞無常，我們此時面臨著冬日的矛盾：窗外的枝幹禿了，射入屋內的光線卻多了。

不久前有個上午，我發現自己接連列出幾份名單。第一份寫滿身體每一處隱隱作痛、劇痛或不對勁的部位，我驚駭失措，數到第三十個時就數不下去了。第二份清單記下幾個星期以來落淚的次數；這本總帳包括幾則令人失望的消息、至少一次的自怨自艾，以及深深懊惱自己給家人帶來的負擔。另外，友人捎來消息，說她以五年時間戰勝癌症，使我感動含淚，重新懷抱希望。最後一份清單細數我想去的所有地方，這份列表頗長。

那天是我的生日，而我人在醫院。

果然如同我所擔心的，過去的兩、三個月很不好受。我進入化療巨人的肚子，體會不一而足、兇猛無比的副作用。首先是耳朵受到感染，接著是肺炎，不得不暫停治療幾個星期。後來我在三週內兩度臨時住院；一次是腎臟內的滅殺除癌錠毒素上升，另一次則是白血球與紅血球指數幾乎降到零，免疫系統完全失守。

醫生認爲這類的病情發展是常有的，並沒有特別提高警覺，然而這些狀況也就證明了，我所攝取的藥物一如所料正在造成越來越多的傷害，使我的身體變得虛弱。此外，在癌症病房住了四天，全身纏繞點滴管、接受類固醇施打，我的身心承受莫大的挑戰，我在給琳達的紙條上寫著：「沒有人明白這種痛苦。」

不過我勉強撐過這一切，爲著即將結束長達四個多月的術前化療而感到興奮。手術安排在十二月底，醫師要我在術前休息幾週以恢復體力。此時，赫利醫師正在規畫非常先進又科幻的步驟，準備把藏匿主要腫瘤的左大腿骨切下約二十公分，然後換上鈦金屬人工骨，同時也將切除遭受癌細胞損害的一部分大腿肌肉。

整形外科的莫拉拉醫師接著會移除我大半的左腓骨（小腿外側長骨），他們說明，這塊骨頭是多餘的，不必替換。醫師會將腓骨移植到我左大腿骨的健康部分，然後將它鎖在人工骨上，接著把腓骨血管重新連接到大腿上部，目的在於讓無機物（鈦金屬）與有機物（腓骨）合而爲一，以求這樣的組合盡可能地強固。我該讓你明白這種作法多罕見：赫利醫師坦承他只做過這種手術兩次。不過，值得一試，因爲其中一位病患是紐約噴射機足球隊的特種小隊教練。紐約人都知道，「綠幫」*的特種小隊今年表現非常出色！

手術後我將住院幾週，接受特別護理療養，接著會立刻被送回去，接受長達三個月的術後化療。到那時，我的體能很可能嚴重衰竭，行動能力受損，之後便開始進行物理治療。正如我從七月就反覆提起的，我即將面對失落的一年。

你撐得住嗎？充其量也只能搖搖擺擺地撐著。過去幾個星期，在經歷幾次殘忍時刻時，我納悶身體與情緒之間是否存在什麼交互作用；我越是體弱無力，對痛苦的感覺便越是敏銳，尤其是情感上的痛苦。有一晚岳母打電話到醫院，告訴我兩個小女孩因爲我不在家而悶悶不樂。我放下電話，對著雙手放聲大吼。原始吶喊之所以稱作原始吶喊是有原因的，有些恐懼是原生

* Gang Green，紐約噴射機足球隊（Jets）的暱稱。

的。

不過，多數時候我們繼續承受打擊，調整觀點，改變期待。尤其是琳達，丈夫在醫院，兩個三歲女兒在家裡，她的身心飽受折磨。她取消出國行程，在診間透過手機開電話會議，耐著性子應付我偶爾的固執不語。

該不該讓她知道我有多不舒服？要讓爲了照顧我而承受重擔的人知道多少？這問題一直困擾著我。一天晚上，琳達躺在床上，鄭重表示，我絕對必須讓她更明白我所承受的折磨。我告訴她，我保持沉默是因爲不想讓她擔心。她堅持不讓，我只好把病痛與焦慮全盤托出，結果她果然既驚訝又擔憂，連著兩晚沒睡。堅忍的確有其優點。

然而，今年秋天幾個對我意義最重大的日子，居然和我療程中的「好日子」強碰了，其中最重要的莫過於琳達的奮鬥會年度募款餐會。琳達支持竄起中國家深具影響力的創業家，爲這項首創工作募款的活動，就像是每年都必須計畫意外來到的婚禮：正式禮服、五百名賓客、座位分配、敏感的自尊、牽涉利害關係的乾杯。

更添壓力的是，我直到活動前七十二小時才獲准出院。不過，幸好在最後一刻，我的骨髓復原了，減去這麼多的體重好處不多，其中之一是我能以當初訂製結婚禮服的體重重新塞進那套衣服裡。我甚至為了那晚拋開拐杖，昂首闊步，完成身為奮鬥會第一夫婿的重任。琳達容光煥發地談論組織今年的驚人成就，奮鬥會的主席小艾格·布朗夫曼讚美琳達在應付家庭難關期間依然如此勤勉工作，此時我未必是屋內唯一淚如雨下的人。

儘管這項活動帶來種種歡樂，未來幾年的警訊還是出現了——我指的不是募款，而是時尚問題。在我們家有一種婚姻配件，要是我能自認算得上是兩性關係大師，一定把這種配件類別推薦給所有幸福的婚姻：盛裝，也叫做「我不會過問的東西」——哪來的？好看嗎？多少錢買的？

我一直相當自豪自己這些年來置身事外的態度，只是今天察覺或許必須改變策略了。媽咪花在裝扮外表上的工夫令女兒相當興奮，也順利鬧到大人讓她們去馬路下頭那家「華麗女歌神」做指甲，她們見到穿「顏」尾服的爸爸更加雀躍，鄭重宣布：「明年我們也要盛裝出席！」糟糕。骨牌效應重現，這次似乎起了作用。

整體情況如何？你們看得出來，癌並不是線形的，在艱困、壓迫、歡喜、驕傲、笑聲、虛脫的時刻，我們的生活無端且意外地搖晃。有深奧之事要探索，卻也有換洗衣物該清洗。最近有人問我，在化療的「消沉日子」之後來臨的「好日子」，是否顯得美麗且充滿希望呢？也許，不過我往往爲了疏通水槽而忙得不可開交。

在這個部分，我們非常感謝家人朋友，他們花了無數的鐘頭、午後與週末，協助我們忍受（這次則是享受）。特別感謝沙凡那鄉野學校一九八三年的畢業班同學，感謝你們抽空參加同學會，送上鼎沸不絕的深深祝福。我們還要給送來營養品、娛樂小物、卡片與祈禱的眾人最溫暖的擁抱，我們在腦海裡擬了好幾次的感謝函，但是請容忍我們的無禮，了解我們確實感受到你們的支持。

經過了五個月，我（幾乎）接受了一項事實：任何一天，我都無法預期自己會有什麼感受。我多了一句座右銘：「沒有藉口，不必道歉，不需計畫。」如果有人爲我弄了一大碗猶太湯圓雞湯，我卻忽然好想吃油漬朝鮮薊和奶豆巧克力糖，那我會順應自己的渴望。假如有誰從哈薩克飛來，只爲了來探望我，居然取消與市長的午餐約會，可是我需要午睡，那麼我會午睡。我只求自私會帶來更多樂趣！

正當佳節來臨之際，我們知道感謝清單將比往日更長，在這段歷程中，若說我們學到了什麼，那便是花點時間對名單上的人表達謝意。最近我跟一位在滿週歲前就失去父親的朋友閒聊，她告訴我，她最耿耿於懷的是父親沒有直接給她寫過信；友人的姊姊收過幾封，友人卻沒有，因爲當時她還是小娃娃。友人告訴我，每年她會花時間直接寫信給每個孩子，表達一個母親心中的愛。

我想不出還有什麼比這更適合做爲贈予你們的佳節祝福。在憂慮與希望並存的這一季，願你的家庭充滿健康，你的名單列滿喜悅，你的信函寫滿了愛。

還有，請替我散個步。

Love,

Bruce

14 老朋友爸爸班尼　好好照顧你的蝌蚪

在我有記憶以來，腦海裡一直記錄著一份清單，我從來沒給它一個名字，也從沒有寫下來過。名單中記錄著危急時刻會馬上趕到我身邊的人，無論狀況爲何，他們絕對二話不說。假使我有麻煩，只要打電話給其中一人，對方便會跳上飛機，或者來保釋我，或者來開支票，或者握住我的手。每次我列名單時，有個名字總是列在最上頭。

打從懂事開始，這個朋友就始終在那裡。他是住在轉角的朋友，是午餐時坐在隔壁的朋友，是跟我打包票某某女生當眞喜歡我的朋友。這個朋友以他（被禁止）

的美式爆米花交換我（無趣）的巧克力夾心餅乾，這個朋友幫忙組裝雄偉的風火輪跑車軌道，讓軌道像特技演員盤繞樓梯而下，繞過他母親的骨董櫥櫃，再越過馬桶上方。要不是被小狗撞翻了，這組軌道應該會列入《金氏世界紀錄》。

這個朋友的生日我絕不會忘記，小時候他家的電話我都還記得。儘管多了體重、白髮與十幾歲的孩子，他在我眼裡永遠像是八歲。

除了一塊長大，這個朋友和我幾乎沒有共同點。

不過，毫無疑問的，當我生病時，他是我必須打電話的朋友。由於這樣，你永遠與那位朋友連在一起，即使是無法解釋的時候。這位朋友在我跌到谷底時（在醫院過生日那天），自己也面臨了低潮。他的高中情人，結褵二十載的妻子，也是他兩個孩子的母親，要他坐下來，嚴肅地宣布：「我要離開你。」

當時這個朋友爲了不想讓我擔心，對我保密了六個月。

＊＊＊

班尼·愛德華在我小二的學校年刊裡題了這段話：

布魯斯，祝你暑假快樂又平安！我可能會去海邊看你嗅！你人眞好。

愛你的班尼

隔年，他加上我的綽號，不過少了「愛你的」。

矬矬熊，我喜歡你！

班尼

再過一年，他酷到不行。

祝你去海邊玩得愉快。

班尼

連個驚嘆號都沒有！

那些年他的大頭照幾乎看不出改變，總是兩頰的雀斑，無辜的眼神，稀疏的直髮，額前有一撮撥開的凌亂劉海，配上鄰家男孩風格的襯衫、典型美國人的特質，他簡直就像從漫畫裡走出來的人物，是我們班上的「阿奇」。*

班尼的小鎮價值觀可是得來不易。他的父親是婦產科醫師，在喬治亞州克拉克斯頓長大，那裡出產不怎麼樣的盒裝水果蛋糕，在餐館乏人問津，得在卡車休息站才銷得出去。我們出生時，該地的人口是二六七二人；班尼的母親出身布魯克利特，那裡的人口更少，只有上述的五分之一。我問班尼，他父親搬到沙凡那後，到

* Archie，美國著名漫畫，以同名男主角的高中生活為主軸。

底能不能適應城市生活。

他說：「我想我爸還是比較像鄉下人，最喜歡的休閒是在院子裡工作，對於都會的東西，例如星巴克、博物館與小館子都興趣缺缺，寧可在熟食攤買炸雞。他不喝酒，準時上教堂，哈，本來他想開加油站的，後來奶奶要他讀醫學院。」

愛德華醫生是個非常慈愛的父親，班尼說：「到今天，我們倆仍然會勾肩搭背，一起躺在床上看電視。」

不過他也有嚴格的一面。

班尼與他的父親不同，十分享受都會娛樂，佳餚、美酒、夜生活，每年到拉斯維加斯度一次週末。他追隨父親的腳步念了醫學院，然後與妻子搬到孟斐斯與聖地牙哥，卻仍無法抗拒大家族與南方喝甜茶的生活習慣。

他說：「我認爲那裡的人普遍擁有一種眞誠的美德，我不是說北部的人沒有，你要是坐在加州的酒館，旁邊的人也是很親切，只是並非發自內心地親切。你要是坐在喬治亞州的酒館，旁邊的人最後會跟你一起出去，或者開車送你去哪裡，或者邀請你隔天來家裡吃烤肉。」

我問：「爲什麼會這樣？」

他說：「那裡步調比較緩慢，你沒有那麼多的對手要想辦法去……贏。」

我說：「除非是足球賽。」

他說：「如果是足球賽，非贏不可！」

我告訴他，這場病最讓人感動的其中一件事，是老家沙凡那的人集結起來，我們的同學、同學的父母、甚至以往忽略我這個小孩子的社交名流，全都爭先恐後，想辦法從遠方提振我們全家的士氣。

班尼說：「這就是南方作風，忠心、正直、友善。」

這些正是我希望班尼能傳遞給女兒的特質。他將傳達「家鄉」的意義：你會帶著它浪跡天涯；不管年紀多大，你仍會屢屢回頭造訪。他會告訴女兒：「這是你爸爸的出身地，也是你們的出身地。」

班尼會教她們如何記住。

我們的友情從五歲時開始。「我對你最早的記憶是我們手牽手走進幼稚園。」他記得我們在後院玩觸身橄欖球，還有五年級時我曾替他說話；當時他相信雪倫·史都柏暗戀他，不過查理·蘇華茲說沒那回事，還叫班尼不要對她好。

不過他最歷歷在目的回憶是最感人的那一段。

他說：「我們常常躺在地毯上看書。有一次我挖鼻屎，然後放到嘴裡，每個人都笑我，你卻一派輕鬆地說：『班尼，大家都在看你挖鼻屎。』我抬起頭，所有人都指著我大笑。後來大家繼續笑我笑了半個月，你卻什麼話都沒說。」

「二十五年過後，你記住的居然是這個!?」

「你最好的朋友挖鼻屎放到嘴裡，對你居然沒有造成任何影響，你這也算是忠心耿耿吧。」

我問他，爲什麼我們會成爲朋友。

他說：「一開始是住得近，然後是一路走來志趣相投，不過我們不會想一爭高下。你顯然在戲劇方面比較有藝術品味，而我運動比你在行。不過，你做什麼，我一定會跟著做；我做什麼，你也一定會奉陪——不管我們心裡想不想做。」

我們之間雖然有這些相似處，卻仍有天壤之別的差異，這項差異還與種族有關。在當時的南方，沒有比這更嚴重的差異。

班尼是基督徒，而我是猶太人。

在談話中，班尼提了好幾次，我家吃的和他家不一樣。而且我們週五晚間會點蠟燭喝酒。

這個不同竟然造就了一項讓我們的感情更親近的經驗。每年十二月，我上他家幫忙裝飾耶誕樹，我喜歡這個儀式、五彩的燈光、天使以及歸屬其中的感覺。我得癌症後，班尼的母親寫信給我：「看見班尼，我就會想起你，你們兩人以前是非常棒的搭檔。」信末提到：「你記得幫我們裝飾耶誕樹的事嗎？」

我們家跟某些猶太人不同，並沒有種耶誕樹，現在琳達跟我也沒種。不過，在班尼家處理那些俗麗小飾品的經驗，有助於我準備面對日後將進入的多元信仰世界。班尼則認爲這點甚至在更重大的方面影響他的人生。

班尼說：「如果你問我，我的優點是什麼，我第一個會說，我常跟和自己不同的人來往。我並不是說自己是完美的，有人嘲笑別人時，我也會跟著插一兩句嘴。不過我向來對差異的包容性非常強，不管是黑人、白人、猶太人、基督徒、同性戀或異裝癖。」

「你從哪裡學到這種包容性？」

他毫不遲疑地說：「因為你的關係，我才有機會跟你的家人來往。你家和我家差很多；行為準則是相同的，潛在的文化價值觀卻截然不同。我們是搞笑之家，你們家比較正經，比較文雅，而且更有使命感。」

他接著說道：「你說過，我是你的美國男孩標準樣本，我上大學，我找到工作，我娶了高中情人——」他忽然停頓。「現在我要離婚了，我想我的確符合這個典型！」

他再說下去：「不過，你家裡的人完全不符合我心目中的南方典型。這種差異性影響了我，微妙地成為我心裡今日美國人的標準形象。」

接著班尼分享了一段我從沒聽過的故事。高中畢業後，班尼就讀喬治亞大學，加入兄弟會，大二時跟兄弟會的弟兄討論聯歡活動。「我跟兩個認識一年的傢伙坐在一塊，有一個居然說：『噢，可是他是猶太人，我們眞要讓兄弟會有一大堆猶太人嗎？』我那時或許太天眞了，不過從來沒聽人說過那樣輕蔑的話。我說：『你說什麼？』那人說：『噢，你知道，他們就是跟我們不一樣。』我差點扭下他的頭。我說：『你怎麼知道？說出你猶太朋友的名字來聽聽看。』

「後來我們投票表決，讓那人加入兄弟會。」

＊＊＊

班尼的失落之年比我早幾個月開始。他的表兄勞爾小時候住在李將軍大道，就是從我們家往下數的第三棟。有一天勞爾打電話到辦公室找班尼，原來他十三歲大的兒子大腿長出異常物。身爲骨科放射線技術師的班尼檢視核磁共振造影，心想：「不會吧！這是骨性肉瘤，我這輩子大概只會見到這一個。」

我問：「你第一個念頭是什麼？」

「他會死。」

接下來那一年，「小勞爾」進行了治療與手術，街坊鄰居紛紛伸出援手（這群人日後也為我做了同樣的事），提供餐點，耶誕節時布置他的家，七年級整班的男生陪著小勞爾一起理光頭。

然後，正當小勞爾逐漸康復之際，班尼接到我的來電。

我問他，聽到我的診斷有什麼感想。他結結巴巴片刻，然後說：「我想到同樣的事情。這麼壞的事怎麼會發生在這麼善良的人身上？這種事遇到後來都煩了，我替病人做病理切片時，只要看病患為人親切，就可以猜到結果八成是惡性的。而混帳王八蛋的病看起來很嚴重，結果卻只是感染而已。年輕小姐很可能會得胰臟癌，這是電腦斷層掃描部門常說的笑話。」

「我的電話有讓你心跳暫停嗎？」我問。

「當然有，我心想：『糟了，我最好的朋友要死了。』」

我說：「好，二十年以後，我女兒來找你，她們說：『你是我爸爸認識最久的老朋友。』你會帶她們去哪裡？」

班尼說：「很難，因爲我能想到的每個地方，其他人都已經想到了。」他提起泰碧島和我們的小學母校。「到頭來，我想我會帶她們到你家後面那條我們以前常抓蝌蚪的骯髒小溪。」

我說：「運河！我好幾年沒想起那個地方了。」

漢普斯特運河根本算不上是運河，應該說是充斥最低等生物的排水溝：像是水藻、蝌蚪、青少年等等。不到兩公尺寬，在我們眼中卻像亞馬遜河那麼壯觀。有一年春天我們抓蝌蚪，想要養青蛙。我們把蝌蚪養在車庫的塑膠桶裡，牠們長出四肢，隱隱約約有了青蛙的樣子。結果我們卻不得不將牠們放生，否則屋裡就要臭氣沖天了。

我問：「那麼伊甸與泰碧可能從運河學到什麼呢？」

他說：「那是我們出身的地方。那種雖然髒兮兮的，卻是我們學會做自己的地方，是我們的家。」

班尼，這個我快要不認識的朋友，我難得見面的朋友，就是他慫恿我列出緊急時會去電的朋友名單，只因爲我需要一個方式指定他在我人生中的角色。聽到他這番陳述時，我明白他說中了最中肯的事實。

他是我的蝌蚪。

他是一開始就存在的那個朋友，無論期間發生了什麼，在可能結束的那一刻，回頭提醒我我們一起開始的地方：兩個在成長路上迂迴前進的男童，在排水溝裡逐漸長出手腳，等著往外一蹬躍入世界。

從與班尼的一席話，我發現的正是我在「失落之年」期間屢次學到的道理：地方對我的人格養成非常重要，我卻還沒徹底挖掘出我的地理根由；人對我的人生必不可缺，我卻還沒追溯我的血源深處。我還沒讀過爺爺的回憶錄、鑽研父親的過去，或查問朋友的生命上游。我一直滿足於一知半解與未語之言。

我躲避了運河。

唯有跳進我的過往，才能發現在河流裡漂浮的所有養分，正如女兒在通過前往泰碧島的矮橋時喜歡唱的那首歌：「如果你曾經在伊利運河上航行，你將永遠認識你的鄰居，你將永遠認識你的好伙伴。」

在運河上航行。

照顧你的蝌蚪。

你永遠無法預料到何時需要一個好伙伴。

15 收藏家的花園

在華盛頓特區，杜布那科學科技史博物館隱身在史密森美國史國家博物館一樓的偏僻角落。我走過名廚柴爾德（Julia Child）廚房的展示區，經過圖解《聖經》的陳列區，進入窄小的前廳，把包包鎖在小隔間，然後走進玻璃門。

裡面是樸素的閱覽室，有六張附檯燈的書桌。一面牆上掛有發明家惠特尼（Eli Whitney）的畫像，這位年輕的耶魯畢業生在一七八三年遷居沙凡那，而後發明了軋棉機。我到這裡，則是想查看另一位與沙凡那有關的耶魯畢業生的收藏品。

圖書館員取出五大本活頁蔥皮紙，紙張大小是二十二公分乘二十八公分，以紅黑兩色墨水打字，再以黑色硬紙板文件夾裝訂。她把第一冊放在閱覽架上。我戴上白色棉手套，掀開了封面，第一頁是作者小傳。

一九〇一年二月七日，班哲明・S・亞本修思生於康乃狄克州紐哈芬，畢業於紐哈芬中學，而後就讀耶魯大學。一九二一年畢業後，進入耶魯大學醫學院，於一九二四年畢業。

小傳繼續概述外公的懸壺生涯。一九四五年，他升任巴爾的摩西奈醫院泌尿科主任，事業達到巔峰。文中提到他的三名子女以及他撰寫的一百二十篇學術論文，最末寫著一段話：「他有形形色色的嗜好，例如收集骨董、迷你象牙製品與雕像。不過他最引以爲豪的收集就累積在這些卷冊裡；這是世上最豐富的墓誌銘集，共九千篇，由亞本修思夫婦在三十年的歲月裡積聚而成。」

我在發抖。對於這位在我出生前三年過世的男子，對於這位我的名字所紀念的對象，這幾疊紙是我最能接近他的東西。

我感到不安。在死亡的恐懼威脅著我的這一年，得知童年時代經常聽聞的人物居然熱中於收集墓碑上的文字，還眞是令人心裡發毛。

可是，我很驚訝。從翻開第一頁的那一刻起，任何隔閡或悚然都悄然溜走了，一種似曾相識、甚至可說是親切感湧上了心頭。

＊＊＊

從小到大，一張懸掛在我房外的照片代表了他，刻畫出他的側影。他穿著硬挺的白領與早禮服*，站在定音鼓鼓盒一旁，看似泰然自若地準備面對在牛津大學的辯論。他有張渾圓、甚至是無邪的臉龐，戴著哈利波特式的眼鏡，細髮利落分邊，抹上髮蠟，一絲不苟。他擁有男童的天眞、男人的認眞；一旦把發言權交給他，他

* Morning Coat，日間常用的禮服，上裝及膝，顏色以黑色爲主，也有灰色款。

會駁倒你；若是揭穿他，那麼弱點將如洪水般湧現。

我幼年從沒留意過那個弱點，相反地，巴奇・亞本修思高高在上，說是羅馬皇帝也不爲過。他輪廓分明的臉龐適合放在古老的硬幣上，威風凜凜，有傳令官做先鋒，顯得遙不可及。我記得一次跟父親問起他，父親的回答似乎阻斷了任何問題：「他是個偉大的人。」

事實自然是更加複雜的。

巴奇・亞本修思也是幼年喪父，是九個孩子中的老么。雙親從立陶宛的維爾納移民到美國，父親亞伯拉罕在巴奇兩個月大時去世，留下母親一面經營小雜貨店，一面拉拔子女長大。巴奇是家中第一個念大學的人，在他就讀耶魯的年代，猶太人還不許住校。醫學院畢業後，他搬到巴爾的摩，跟著一位泌尿科名醫學習。

在一九二〇年代，泌尿科是新興的一門專業領域，巴奇很快竄升起來，撰寫學術論文，內容無所不包，從泌尿管腫瘤、到睪丸手術、到「膀胱由於異物（鉛筆）存在而發炎」。他率先研究腎臟染色與洗腎。

他勤於寫作，還出過一本大眾書籍，詳盡羅列罹患生殖器與泌尿系統疾病的名人，從牛頓到威爾遜總統。這本書名爲《混水》（只有泌尿科醫生才會喜愛的雙關語），有一章談富蘭克林的膀胱結石，有一章的主題則是拿破崙的輸尿管感染。

外公專長在於男性生育能力，因此對性事頗能以平常心看待，這點起碼在他的年代是不尋常的。他收集「尿尿小童」的複製品，甚至自己鑄造類似的雕像，還唆使當時十歲的我母親擺出兩腿夾著澆花水管的姿勢。他的友人自歐洲帶回來一尊小童陽具完全勃起的複製品，而我外婆凱莉居然將它放在廚房水槽上方，洗碗盤時，就把婚戒順手掛在男童腫脹的陰莖上。

平日衣冠楚楚的外公，應邀爲一九三六年出版的某部大眾性愛指南撰寫導讀，七十多年後，我母親才得知她父親擁有這項第二專長。《婚前到婚後》非常暢銷，二十年後還買得到，書上說，我們應該坦然討論性關係，應該更加享受，要這麼做，就要提倡一個觀念：從單身到訂婚、結婚，性愛的次數將會大幅度增加。外公，你大概也是這樣吧！

我母親在該書出版的那年出生，推算起來，我外婆受孕時，巴奇可能正在寫這篇文章，這點令人產生旖旎的念頭。讀到他的那篇文章，也許是我這輩子最接近發掘自身起源的**回到未來**時刻。文章還暗示，在經濟大蕭條時期，我那平日拘謹的外祖父母正在炒飯。

***

這套世上最豐富的墓誌銘結集分爲五大冊，每一冊又仔細分類。第一冊包含知名人士的碑文：法老、詩人、賢哲、國王。第二冊收集的墓誌銘則以死因劃分：中毒、車禍、蜜蜂螫傷、燒傷、觸電、落錨、腹瀉、絞刑。有一整章與異常死亡有關，「她的死因如下：遭巴士輾過。」還有一章與食物有關，「此疾你從未聽聞，進食過量甜瓜而死。」

其後的幾冊收集了人瑞、影星與醉漢的墓誌銘。以職業分類的名單則洋洋灑灑：鐘錶匠、煤礦挑夫、礦工、車夫、板球球員、法醫、火葬提倡者；這還只是C

開頭的部分而已！他找到幾十篇妓女的墓誌銘，「此地長眠年輕夏洛特小姐的軀體，生爲處子，死爲娼妓，守貞十六載，可謂此地之紀錄。」他甚至發現替寡婦徵婚的廣告。

紀念傑瑞德・巴茲
死於一八〇〇年八月六日
遺孀芳齡二十四，住榆樹街七號
擁有賢妻的各項條件
渴望得到安慰

最後一則墓誌銘號稱是耶穌的碑文，「故而滿足人生與信仰，讓祂透過神恩獲得永恆的幸福。」

我花了六個小時翻閱一千五百頁文集的每一頁，除了巴奇（還有打字的凱莉），我大概是唯一曾經這麼做的人。

我第一個感想是，這些收集顯然是畢生的熱情，或許也是一種執念。巴奇・亞本修思有非凡的精神、淵博的歷史知識，還有我遺憾不曾聽說過的淘氣幽默感。而且，他做事貫徹始終！因《信不信由你！》一書出名的李普萊，畢生收集了五千則墓誌銘，巴奇・亞本修思則收集了九千則。他的態度嚴謹，成果則失之蕪雜，說好聽是應有盡有，說難聽是來者不拒。裡面幾乎沒有觀點，不曾嘗試解釋他的原則，不曾說明他的收集。沒有森林，只有樹木。

由於全書並無總論，有關巴奇的動機只有一條線索：出現在首冊開頭的一頁半篇幅的宣言，標題是：〈序：班哲明・S・亞本修思醫師的嗜好〉，文中提到，醫師在專業以外，應追求獨特天分的創意抒發管道，對此大眾應當受到啓發、得到慰藉。他這樣寫道：「這些藝術形式應當被視爲安全閥，提供時時在死亡足跡上行走者宣泄緊張壓力的管道，怪誕的文字或許正能消除怨懟。」

他的結論是，其他人應該遵循同樣的途徑，「做一個收集家，造一座花園，擁有一項嗜好。」

我們小時候，我母親說過幾乎一模一樣的話，我們稱之為「亞氏絕對眞理」。

＊＊＊

離開華盛頓特區之後，我驅車前往巴爾的摩的阿靈頓墓園探視外公的墳墓。美麗延綿的草地上是一排又一排簡樸的墓穴。中間一墩拱形的灰色墓碑上刻有「亞本修思」，另有小小的基石寫著他的全名與老掉牙的「受人深愛的丈夫與父親」，中央則鏤刻著希臘神祇赫密士的帶翼權杖，那是醫學的象徵標誌。

沒有墓誌銘。

以三十年時間收集每一則靈思，巴奇·亞本修思居然沒有選擇任何一則留給後代瞻仰。也許他無法做出決定，也許他是暴斃，所以來不及準備。或者，也許如我哥哥所言，他遭逢寫作瓶頸。

無論如何，我佇足墓地，開始思索巴奇·亞本修思與祖父愛德恩·法勒相仿的生命。在許多方面，他們是天南地北，一個出身北部都市，另一個來自南方鄉村；一個是學者，收集以拉丁文寫的墓誌銘；另一個打二十一點紙牌遊戲、設陷阱抓松鼠、釣魚；一個滴酒不沾，另一個愛喝私酒。

不過，在重要方面他們如出一轍。兩人皆是家族中第一個上大學的人，各自繼續深造追求專業學位，結果居然使他們疏離了至親。雙雙著手數十載長的文藝計畫，而曾經閱讀（或聆聽）計畫成果的人卻寥寥無幾。兩人皆迴避參與後代投身的公民社會機構：藝術團體、政黨、志工組織。

兩人都白手起家。從嚴肅的意義而言，兩人都是孤獨的。

我深感於巴奇．亞本修思寂寞的況味，他有如獅子，鬃毛總是垂在我的肩頭。身為作家，我熟悉這種孤獨的追尋。一年四篇學術論文的產量，一部大眾史，一套墓誌銘結集，巴奇．亞本修思把自己獻給了文字的召喚。我母親記得他每晚坐在書房，由三架收音機、一台電視所包圍，每一台都播放不同的體育活動。她說：「任何時候走進去，他都可以告訴你每一場比賽的分數。」

我不得不說這個畫面很熟悉。他在我的書房會覺得非常自在，因爲我的電腦會打開三個新聞網站，桌上疊著如山的書，平面電視則播著體育台。

在更深處，巴奇無疑受到墓誌銘的吸引，因爲他的職業讓他接觸大量的死亡。他在序文裡把這種感覺形容爲「在死亡足跡上行走」，不過他也必然由於幼年失怙而對死亡的氣息特別敏感，也許與鬼魂長時間相伴，讓他更接近他的爸爸。

他的探索當然讓他更加親近我，尤其在我也感受到死亡引力的時候，隨著探索而來的寂寞也一樣。也許年輕抱病最令人不安的一面，是在身邊少有人思索死亡時，被迫獨自思索死亡，從而感覺到全然的孤立。

站在他的墓前，在我與墓誌銘密切相關的一年，我頭一回感覺到巴奇・亞本修思不再只是牆壁上不可觸摸的一幀人像，而是眞眞實實的。我們同樣熱愛語言，共同擁有對死亡的興趣，因此我終於找到始終在我心裡的一部分的他。

我還想起爺爺與外公似乎在傳達的那條共同訊息：不要消失，不要撤退；摘要、紀錄與文字記載並不重要，重要的是剛剛消失在視線外的人。

16 失落之年記事——卷五

二月三日

親愛的親朋好友：

過去幾個星期，無情的冰雪侵襲布魯克林，撒了鹽*的零亂街道與人行道有如粉筆灰，而我們讓孩子乖乖待在屋裡的創意花招老早用盡。不過，正

*撒鹽有助融雪，並可預防路面結冰、車輛打滑。

當冬季拖著沉重腳步朝終點而去之際，假若在夕陽西斜時往外看看，可以察覺日光多逗留了幾分鐘，暗示著安慰即將到來。

在一生中，能事先得知將富有重大意義的日子屈指可數，而十二月二十三日對我來說正是這樣的一天。天未亮我便醒來，在清晨五點四十五分抵達醫院，展開十五個小時長的手術，搶救我的左腿。骨科的人員在我大腿畫上十字標示開刀位置，到了七點三十分，躺在輪床上的我被推過我所見過最長的走廊（我事後查證，世上最長的走道絕大部分都在手術室外，還得知這條走廊即便以醫院標準而言，也是漫漫長路，因而得了個「綠色隧道」的別號）。

手術室裡有各式各樣的高科技電視螢幕、穿梭圍繞的護士隨員，一名男子頭上戴了太空人似的大型玻璃圓頂罩，三、四公尺長的檯子擺滿了手術刀、解剖刀與尖頭叉，器械多到足以料理國宴，只是現在身為魚肉的是我。麻藥發揮作用前的最後幾分鐘，外科的赫利醫師在手術台旁現身，告訴我腿部掃描結果顯示，腫瘤已被化療殲滅了。他說：「它已經死了。」事後則告訴我的家人：「我希望布魯斯聽到這個消息後含笑入眠。」

我逐漸入睡之際，赫利醫師開始動手，而琳達、我媽和我哥則在外頭焦心等待。到了中午十二點十五分，護士通知他們，赫利醫師還在切除我大腿骨與大腿的癌細胞。下午兩點五十分，他們收到類似的報告；在四點五十分，又一次報告。到了晚間六點十分，我的三位家人被請進一個房間，五分鐘後，赫利醫師前來與他們會面，簡單說明：「他狀況良好，我開刀順利，答案很清楚了吧。」

赫利醫師以一貫充滿耐性而迷人的態度，大致說明他所做的工作。首先移除了二十二公分長的左大腿骨，以及約三分之一的四頭肌，切除的肌肉量少於他所預期。赫利醫師最開心的，是保住了一條原本預料必須移除的重要動脈；他說：「布魯斯會很開心，這條血管叫股深動脈。」

接下來，赫利醫師將特製的鈦金屬人工骨放至大腿骨缺口，再將此裝置與剩餘的骨頭連接，上鎖固定整組新奇玩意。我們以爲人工骨頭會仿造大腿骨形狀，不過它其實是一系列的管子、立方體、桿條與環狀物，看起來更像避震器，只是沒有擴張收縮的功能（我哥則認爲比較像《星際大戰》裡的光劍把柄）。人工骨服貼安置於大腿骨完好的部位中，赫利醫師因而士氣大振；他把缺口比擬成小船與船塢之間的間隔：一個越是接近另一個，健康的骨頭也就越容易跨越難關，跟人工骨頭連在一塊。大致上，赫利醫師表示正面進展讓他膽大起來，甚至冒了更大的風險，更加勇敢無畏。被問及是否有任何意外，赫利醫師說：「布魯斯的腿骨好大塊！」

赫利醫師的工作十之八九已經完成，不過我這邊還沒結束。赫利醫師在向我的家人簡報時，整形外科醫師莫拉拉開始處理我的大腿下端。莫拉拉醫師移除了二十三公分多的左腓骨，將它移植到我剩餘的大腿骨，然後鎖在人工骨頭上。爲了保持腓骨的生命，莫拉拉醫師從我的小腿移走四條血管重新安放在大腿。到了晚間十一點半，他向我的家人說明一切過程時也是非常樂觀：「健康的骨頭，健康的血管，沒有問題。」快到午夜時，赫利醫師帶來這漫長一日的驚嘆號。他說：「不管你信不信，我現在高興得要命。」赫利醫師一如承諾，奮戰到最後，也正如預言成了這場戰爭的英雄。

接著是復原大計。隔天上午我醒來，由於麻藥未退而迷迷糊糊，身上有導管與引流管，思路老是跳電，左腿側有八十公分長的縫線，我搞不清楚發生了什麼事情。還有更讓人困惑的事。在手術台上，醫生一定用了強力膠帶蒙住我的眼睛，因爲我醒來時角膜出現刮傷。無人能夠解釋，爲何如此高科技的技術居然遭受這等低科技的手法破壞。那晚，也就是耶誕夜，一名眼科醫師來檢查我的視力，在我的臉部前方約十五公分處放了張迷你視力檢查圖，整張圖好像彈簧墊一樣在我眼前上下彈跳。醫生說：「我認爲你需要戴眼鏡。」然後便在我眼前塞了單面鏡片。我絕望地說：「我不戴眼鏡，我不做檢查。」還數落了他幾句。他竟不慌不忙鄭重其事地說，沒見過比我刮傷的角膜更嚴重的，還囑咐我三天內別張開右眼！

我的視力在幾天內有了改善，我戒了嗎啡點滴，開始清查身體的狀況。我其實有兩處不同的傷口，第一個是嚴重腫脹的大腿，有兩條引流管減緩腫脹，七十五針的縫線從臀部延伸到膝蓋，長四十五公分。第二處是小腿，也裝有引流管，以夾板固定包住，避免活動，有三十三公分長的可吸收縫線。骨科團隊負責上側傷口，整形團隊負責下側傷口，雙方盡可能不評論對方，不去檢查另一個責任區，卻持續歸咎是另一組團隊導致我無法下床。一時間我的腿好像成了內戰前的美國，大腿是北部各州，小腿是南方聯盟，膝蓋是南北分界線，令人洩氣的僵局需要林肯來恢復聯邦。

到了第七天，赫利醫師抗議他沒有林肯那麼高之後，終於打破僵持的局面，做了出人意表的診斷。我已經戰勝手術可能的併發症，速度比他們預料的還快，然而大腿根本還沒準備好要開始康復。他開玩笑地說：「我擔心你好得太快了。」

最後，到了第十一天，我首度獲准坐起身來。「你的腿會腫脹，會充血，會變成紫色。」赫利醫師提出警告。「你的頭會抽痛，會暈眩，會虛弱無力。」他說得沒錯！在接下來的二十四小時，我慢慢想辦法下床，坐進輪椅，邁向新人生。一月三日星期六，入院十二天後，我終於被送回家。他們準備了一輛救護車、一輛消防車、兩組人馬、一副擔架與一劑幾乎過量的止痛劑，才讓我離開了曼哈頓，進入布魯克林，上了一段樓梯，躺到自己的床上。女兒上樓來擠在我的身邊。我們來到了這一整年戰爭的第二階段尾聲。

而且，在抵達這個尾聲時，一則正面消息令我們感到飄飄然。我出院的前一天，赫利醫師突然來到病房，當時琳達與我正在吃她偷渡上七樓的洋菇鯷魚披薩。赫利醫生說他剛從腫瘤檢討會診會議過來，有幾條消息要告知。病理顯示化療極爲成功，腫瘤致死率達百分之百，這個結果大大提升化療消滅血液中不可見之癌細胞的機率，而那正是我們自七月起最大的隱憂。這項結果也可能助長我全面的預後狀況。平日話不多的赫利醫師掩藏不住興奮之情地說道：「這可不是小規模衝突，而是打贏了一場大戰。」然後伸手握了握我的手。

雖說這結果振奮人心，但接下來的幾週還是困難重重。返家後，又是劇痛，又是極端的不便，恢復體力與活動力的過程比我預料的更加乏味。日子充斥著各式各樣的藥物、便盆、擦澡、物理治療，還要慘兮兮地爲恢復左腿微乎其微的活動而努力。在床上翻身的簡單動作往往讓我怒吼，外出看醫生需要三個人左攙右扶，當我像學走路的孩子用屁股一蹬一蹬地下樓、出門、步下結冰的門階時，其中一人還得負責抬高我的腿。醫生囑咐我，在情人節前，別讓大腿承受身體的重量，接下來的六週則可承受百分之五十的體重，然後再做幾個月的物理復健，幫助我再次學習走路。

除此之外，還有讓我們的生活變得加倍複雜的事。出院十天後，我開始進行爲期三個月的術後化療。忽然之間，大腿的疼痛算不了什麼，再次經歷去年秋天的種種苦難（噁心、體重下降、血液指數降低、精神負擔）才更令人難受。自術後出院，我又住院一次，還不只一次不由自主地突然大喊：

「我不要再得癌症了！」

不過，我當然已經沒有癌細胞了。只是我們擺脫不了癌症隨時復發的威脅，但至少目前我的體內已經沒有癌細胞了。去年夏天，我們做了一個有利的決定，將手術延後半年，有部分原因就是要看看化療是否對我的身體有效。哈，那個決定成功了。第一階段的成果可說是達到高標，第二階段（手術）也看似非常成功，如今我們躍躍欲試進入第三階段，全副心思都著眼於未來。

那麼，其他人挺得住嗎？琳達勇敢面對難以想像的考驗，我想不出還有誰能像她那樣，以優雅與樂觀面對一切。我們的家人以特別的方式團結起來，讓女兒有事可忙，同時費盡心思把必需品移到伸手可及之處，一開始是在醫院，然後是在家裡。我母親居然還獻出幾個午後的輪班時間，打贏**每一盤**我們玩的雙人紙牌遊戲。

術後五日，在一個難忘的下午，我們讓女兒來參觀醫院。這件事讓我著實擔心了幾個月，一心不願她們遭受創傷。我說服護士讓我取下點滴，然後脫下病人服，換上便服，再以被單遮掩傷口以及所有嚇人的設備，然後歡迎女兒上床來。我們先前已做了巨細靡遺的沙盤推演：先是女兒送我一份禮物，我也給她們一份禮物，並且朗讀《好奇喬治上醫院》，然後在她們吸收太多資訊之前，迅速帶她們離開。泰碧在電梯附近碰見赫利醫師，興奮得不得了。等到大家都出了醫院後，伊甸鄭重地說：「媽咪，謝謝你帶我們到醫院來。」在樓上的我則哭得像個小娃娃，也像個驕傲的父親。

隨著時間轉移，我們的生活再次適應了一套常規。自感恩節前那次化療之後，化療暫停了一段長時間，我的眉毛睫毛因此恢復生機，軍人式的小平頭也嶄露生氣，此外，早上才刮的鬍鬚還破天荒頭一次在下午又冒了出來，好討厭。女兒興奮地追蹤觀察我大腿的進展，從縫針到結痂，也逐漸喜歡傍晚時到我們臥房表演芭蕾（唯一的強制規定是：在「大結尾」時要拋出假想的花束，在「安可」時要撒假想的糖果）。我們的小家庭再次成爲單一個體，儘管一拐一拐，但依舊往前移動。

我們料定二月與三月將充滿挑戰。琳達先要前往加州，然後去印度；我無疑要回到醫院。不過我答應女兒，在她們四月中旬過生日時，我的步伐會更加通行無阻，頭髮會在夏天長回來。有時，這些里程碑感覺就在不遠處呢。

到那之前，我們非常欣慰有你們這麼多人陪我們一同走過這段旅程。我們知道，即使得面對自身的挫折、困境、暴風雪與心痛，你們仍會花個午後時光陪伴所愛的人，記起自己送來給我們的眾多祝福。看在我們一家人的努力上，或許能讓你們再多堅持一點，走過這一季的挑戰。

還有，當然，請替我散個步。

Love,

Bruce

17 好奇爸爸布萊恩　懂得開口問的人不會迷路

在斯隆卡特琳治癌紀念醫學中心七樓，布萊恩．薛伍德以輪椅推著我轉來繞去，想找個說話的地方。手術一個月後，由於免疫系統喪失功能，我再次接受全天候照護，身形憔悴，無法活動，惶惶不安。此時的我置身在最惡劣的處境之中。

而老布則從一開始就待在這兒。

他在我的身邊。

從診斷出爐的那一刻起，老布寄給我雪片般的電子郵件，一天兩封、四封、十封，並且不時打電話來——塞在半路上，在電視攝影棚，在後院陪孩子玩接球，在跑步機上（他想藉由飲食和運動與我比賽減重，不過化療讓我占了優勢）。在我做病理切片的那個上午，他從洛杉磯的家搭機過來，清晨五點三十分現身醫院。

如同他喜歡掛在嘴上的，他是我麾下的一名小兵。

我們找到一間空會議室，老布將我推到桌子上首，然後拉出一張椅子坐下。雖然老布是頭幾個出現在名單中的爸爸，卻是最後一個知道。原因在於，老布這個朋友會提出問題。他會質疑假定、挑剔缺點，如果有朋友帶頭歡呼，提供保護支援，老布則會調查審問。他就像教育班長，要求每個決策都要經過縝密的思考，每份情感都要純粹無邪。用力！用力！再一趟就好。一分耕耘一分收穫。

我必須做好準備。

我輕輕吐氣，然後開始朗讀我的信。

你願意告訴她們我大概會怎麼想嗎？你願意做我的聲音嗎？

我朗讀時，老布哽咽了，眼淚流下臉龐。「噢，布魯斯。」他措手不及。然後他似乎反悔似地隨即說道：「可是我完全不接受這個前提。我特此正式提出辭呈。」

這是典型的薛氏抨擊：大膽出拳，正面迎擊，直搗黃龍。

我早就料到會有這一招，所以迅速回擊：「琳達希望你加入。」

他知道無法再抗拒，於是說道：「既然如此，有個地方我一定要帶你去看看。」

＊＊＊

成立爸爸後援會帶來了一項意外結果：我無意間讓六個男人擁有發表意見的絕對自由。他們對教養孩子本身意見並不多（依據我的經驗，一般男人很少暢談育兒經，或者該說是比較不敢班門弄斧），他們的意見是關於後援會本身。後援會必須聚會；後援會永遠不聚會；我們應該帶小女孩到某個地方；我們暫時不要干涉她們；我們應該去釣魚！

我其實沒有細想過這些問題，也不打算立下一套規矩；我傾向於組織出均衡的後援會，然後讓事情順其自然。

不過，我很快就明白，後援會的一部分魔法在於將六個男人組合在一塊，讓他們——嗯，表現出男人的樣子。他們的目標是幫忙填補女兒生命中的「父親空格」。至於我這個世代的均等親職趨勢（傑夫會與孩子親熱依偎，麥克斯會在半夜兩點換尿布，大衛會烤鬆餅），多數人還是認爲父親應該履行某些職責，這些職責脫離不了劃定界線與設定期許、鼓勵與要求、傾聽與擁抱。不管這年頭的爸爸另外做了什麼，他們依然被期許能夠推動、設計與主張一套責任規範。而在我的後援會中，沒有人比布萊恩・薛伍德更積極推動，更用心設計，更強烈主張。

老布很不簡單，他有個不簡單的家族：威嚴的祖父，卓越的父親，創新的姊姊。他本身則有不簡單的經歷：高中辯論賽獎杯、羅德獎學金、多項艾美獎。還有不簡單的體格，以他自己的話來說，「異常龐大，頭形扭曲」，還有甘迺迪式的裂下巴與一九三公分的身高。我要有他的身高，就打ＮＢＡ了。

他也有不簡單的心腸。

一個洛杉磯陰鬱的上午，他邀我到他位於日落大道附近的童年住家，我們坐在後院的梧桐樹下，樹皮有天然的白色保護色，葉子則是青豆色。他說：「我爸媽就是在這棵樹下談戀愛，我姊姊在這裡結婚，凱倫和我也是在這裡結婚，十五年前，我們聚在這裡替我爸爸舉行追悼會。小時候我姊和我在這裡玩耍，如今換成我兒子在這裡玩耍，這是我們家族的基地。」

「地方」對薛伍德家族極爲重要，比佛利山莊的公寓之於他，正如同泰碧島的沙丘之於我。

老布解釋說：「我爺爺是珠寶商，沒受過教育，卻充滿動力與魅力，永遠是聚會中的靈魂人物，愛開玩笑捉弄家人，也喜歡挑釁、惹毛他人。我絕對遺傳了他一部分的個性。」

他父親狄克則很不一樣，言談溫和，勤奮好學，寧可做教授或外交官員，然而父親卻要求他取得專業學位，於是他當了訴訟律師，最後進入最高法院。

老布說：「我爸爸是個紳士，個性和善，不過他和我爺爺很不一樣。我爸爸對待旁人比較冷漠，無法自在地直接表達情感，反而會壓抑欲望。我祖母過世時，我頭一次看見他哭，令我心頭一震。我一走進他的房間，他立刻冷靜下來。」

他也把心思都放在家裡。「我爸爸的教養方式，是在生活准許的情況下，盡量陪在孩子身邊，這表示他早餐、晚餐時間都會在家。在這些時候，他希望我們認眞討論與世界有關的事。我爸的好奇心非常旺盛，他提供一項很出名的剪報服務，從法律事務所寄出黃色信封，裡面裝著剪報或影印文章，主題晦澀，但跟某人的工作或家庭有關。我們每個人都收過。念大學時，我有一大堆沒拆開的信封，因爲根本趕不上進度！」

狄克・薛伍德沉迷書本的個性偶爾會與親職起衝突，他陪兒子打棒球時，手上的手套從來沒好好戴上過，他笨手笨腳地把球一扔，扔進了矮樹叢。「我爸穿休閒外套、打領帶，坐在棒球場的看台翻閱《紐約時報》，輪到我打擊時，報紙放下來，等我打擊完畢，報紙就拿高。」

最重要的，狄克・薛伍德會循循善誘，以提問引領孩子。「我爸不時考驗我們的假設，他質疑每一個決定，確認我們的想法接受過壓力測驗，以現代的話來講，就是『你的答案禁得起嚴密的思考嗎？』」

他甚至將這份熱情轉爲娛樂。老布說：「我們常玩一種叫『空格』的遊戲，他提出一個問題，問題的最後是『空格』。」老布用手指比畫出矩形。「他會說：『在美國，我們有總統，在英國，他們有……空格。』然後你必須填上空格。」

老布說：「我大學時代的朋友很喜歡我爸拿空格測試他們，他們說：『我的主題是墨西哥貿易政策。』然後我爸就說：『與加州開始進行貿易的第一任總統是……空格。』我的朋友被考倒了！貝瑞・艾德斯坦是唯一曾經用空格反問我爸的人，我爸答不出來，那一刻妙極了。『噢，老天，你剛剛擊敗了冠軍！』」（問題是：「百老匯歌舞劇裡最早飾演瘋狂理髮師一角的演員是……空格？」）

我問：「這個遊戲的意義是什麼呢？」

「這是一種思考方式、認知方式，一種學習提出與世界有關問題的方式。」

這個遊戲發揮了作用，老布當上了電視記者，按部就班地往上爬，從黃金時段新聞、夜間新聞，爬到了晨間新聞。一九九三年他在華盛頓工作時，有個週五晚間接到母親來電，她說：「你爸爸出事了。」狄克・薛伍德站在祕書辦公桌前閱讀《金融時報》時突然暈倒，好不容易站起身子旋即又暈了過去，被緊急送醫，醫生判斷是最嚴重的腦出血。時年六十四歲。

老布隔天趕抵醫院時，他的父親昏迷不醒。「醫生告訴我：『你最好希望令尊不會醒來，因爲他就算醒來了，也會換了一個人。』我記得在事發半年前跟我爸聊到大腦的事，他說他在法庭上能處於優勢，是因爲——以籃球術語來說——他比其他人搶先半步，而就是那半步、那些許的增長，爲他的人生帶來了最多的樂趣。」

老布說：「所以，我明白接下來的五天跟他的康復無關，更重要的是，一家人能否接受終究必須拔除維生系統的事實。我們的確這樣做了。」

「你說了道別的話？」

「說了，跟我姊姊一塊。我撫摸親吻父親的臉龐，跟他道別，說我們會照顧媽媽。」他頓了一頓。「感覺很奇特。他人就在那裡，心臟還在跳，鬍子一個禮拜沒刮，不過他當然已經不在了。」

「你最懷念什麼？」

老布說：「我懷念的不是那些問題，他教會我怎麼問問題。」他的嗓音變得緊張而單薄，彷彿情緒每深一層，聲音就會提高八度。

「我懷念他的聲音。」他深深吸了口氣。「我還聽得見他的聲音。」老布像個孩子一樣開始啜泣。看著眼前這個大塊頭男人還原出真性情，我領會到他們父子倆人在問號弧光上所分享的私密對話。

老布說：「我爸有一副絕佳的嗓子，所以我才會接受你的計畫。如果你不在了，我希望你的女兒仍然聽得到你的聲音，而且不是在傷心的時刻。那不是我最想念我爸爸的時候，而是在最開心的時刻最想念他。歡樂時光令人覺得又苦又甜，因爲爸爸不在，無法一同分享見證，無法加入他的聲音。」

＊＊＊

一九九七年我搬到紐約，與兩位友人每週聚會一次。我們很少參加社交團體，爲了挽回顏面，便稱它爲「無名歡樂時光」。那裡成了作家、編輯與電視圈的人逃避這座城市的場合。聚會一年後，有個朋友宣布：「下週我要帶個新朋友過來，你們不是愛死他就是恨透他。他叫做布萊恩・薛伍德。」

那段日子，老布在紐約掀起異常的騷動。他人高馬大，平步青雲，還是單身，個性很強。他白天在電台工作，晚上寫浪漫小說。這位昔日的辯論冠軍似乎不安於社交場合，除非有套指定的規則：八分鐘申論，三分鐘詰問，四分鐘駁論。他大概也準備好要寫一齣嘲諷《慾望城市》的劇本；既然他跟該熱門影集的編劇的確約過幾次會，說不定眞的已經寫了。

他對我的第一印象是多疑。「很愛說話，個性強、能力強、說的故事也強。我相信你永遠在發送訊息，所以花了點時間才明白，你對四周所有的反饋是多麼敏感，原來你也在接受訊息。我們兩人若沒有專心傾聽對方，恐怕不會像今天這樣成爲朋友。」

老布與我很快就無所不談，談政治、女人、媒體、八卦專欄中我們想揭發的走狗、我們想成爲的男人。單單缺了體育這一塊。眞可惜，他繼承了他爸爸對運動比賽的漠然。

最重要的是，我們創造了難以創造的事物：親密的男性情誼。當他談戀愛、結婚、爲人父，我歷歷看著一度像是漫畫人物似的拘謹角色；變成更熱情、更圓融的男人。

這些年來始終未曾改變的，是他的心，或者他的精神。

他從來沒有停止提出問題。

我希望他能傳遞給女兒的，就是那種有些貪婪、甚而不屈不撓的好奇心。誓言揭露輿論背後的眞相，對資訊的渴求，然後重新排列成新鮮的奇特內容。琳達說：「不管新聞報的是什麼內容，我希望女兒知道你會提出什麼獨特觀點，我會要她們去找老布。」

老布會教她們如何思考。

因如此，當我坐在老布家族的那棵大樹下問他，如果我不在人世，他會跟我的女兒分享什麼訊息，他拿出他的黑莓機。

他說：「我會跟她們分享詩人里爾克的這段話。」

以耐心面對心中未解的每一件事，試著喜愛問題本身，此刻別追求答案，因為你無法體驗它們。因此要緊的是體驗每一件事情，體驗問題。

老布說：「這段話與『空格』有關，與我看待事情的方法有關，與身為旅人的那個你有關。有句非洲諺語說，懂得開口問的人永遠不會迷路。我認為那句話幾乎就是你行走世界各地的態度。即使你置身在全然陌生的地方，處在最奇特、最無法辨識的地方，只要能夠提出問題，便永遠可以找出方向。自信來自問題。所以，我會叫你的女兒去體驗問題，一股腦地熱情地去追求新觀點，就像她們的爸爸一樣，到天涯海角尋找問題的解答。」

此時太陽開始散發光輝，驅走了清晨的昏幽，一隻烏鴉停在樹上，老布的聲音不再沙啞，變得純淨起來。

他說：「對於爸爸後援會，我很喜歡的一點是，你的女兒年紀還小，未來可能聽不到你的聲音，你卻可以讓她們聽到很多聲音，這些聲音集體奏出的交響曲，會創造出她們父親的聲音，沒有什麼樂器能做到這一點。薛伍德的鼓也許敲得太大聲，布雷克或史提爾的樂器也許會出亂子，不過琳達將會指揮樂團，讓小女孩聽得見音樂，讓你一直都在。」

「那麼，在整支交響曲中，你希望自己是什麼聲音呢？」

老布說：「我想當唱反調的人、不和諧的聲音，我想成爲那個好像和音樂不搭、卻是造就完美樂曲所不可或缺的音符。不是虛假的音符，而是眞實的音符。因爲那是我們在彼此人生中扮演的角色。『其他人都這樣說，可是布魯斯會怎麼說呢？』我想出一個點子，自認行得通。不過布魯斯會提出質疑，讓我帶著更大的自信前進，或者收集所有的資料，以完全不同的方式再分析一次。

「那就是我想與泰碧、伊甸分享的禮物，因爲追求答案的人擁有更多的安心，更多的安全感，更多的穩定。」

「而追求問題的人……」

「能發現新鮮的事物。」

18 宇宙水手，終點未知

聖文德墓園就在沙凡那的東面，入口有兩道並排的石門，左邊的門有兩根石雕柱，柱頂是懷抱著十字架的女子，被稱爲「基督之門」。右邊的門也有類似的石柱，頂端則是六角星，被稱爲「猶太之門」。

一個泥濘多蚊的午後，我駛入猶太之門，拄著枴杖爬了幾步台階，來到了訪客中心。中心裡有墓碑石雕樣本、各式骨灰罈與安葬在此的名人肖像，包括市長、外交官、南方聯盟將軍，還有普立茲獎得主詩人艾肯（Conrad Aiken）以及四度榮獲奧斯卡獎的詞曲創作大師莫瑟（Johnny Mercer）。

有個標示牌告訴訪客，聖文德最知名的居民「鳥女孩」（一個一百三十公分高、兩手各捧一只缽的女孩銅像）已被送到市中心的博物館。這尊鮮爲人知的雕像來自原本未曾有人注意的一處墓地，後來成了伯蘭特（John Berendt）所著《善惡花園的午夜》（1994）一書的書封。此書流星般的熱銷鼓舞了無數朝聖者跋涉到沙凡那，許多來到聖文德的人把雕像的台座一大塊一大塊地鑿下來。

我向服務人員報上姓氏，她的身影隨即進入陳腐的密室，之後帶著六張磨損泛黃的卡片回來。每張卡片寫有安葬在該墓園的某人姓名、忌日、死亡地點以及埋葬的日期、形式與所在位置。這些名字有我曾祖父母黛西與梅爾文・法勒，我曾舅公愛德恩・高恩，祖父母艾琳與愛德恩・法勒，以及叔父史丹利・法勒。

我很驚訝卡片能透露如此之多的資訊。曾祖父居然在一九五二年七月十八日逝世當天就下葬了。曾祖母於一九六〇年九月二十七日過世，從密西西比州斯塔克維移靈，剛好趕上兩天後下葬。叔父的屍體捐作科學研究，死後七個月，才在二〇〇一年四月埋葬。叔父的屍體火化，祖母採土葬，曾祖母則埋在皇陵似的墓穴裡。服務人員解釋說：「是一口水泥箱子。猶太人通常不會埋在墓穴裡，而是直接埋進乾燥的土壤。不過很多事情都在改變。」

我跟她道謝，歸還了卡片，起身要離開。

她問：「你要去探望家人嗎？」

我說：「算是吧，其實我是來看自己的墓地。」

＊＊＊

在義大利文中，聖文德是「美麗之地」的意思，這個本來就史上有名的城市，傳奇色彩極爲濃厚。美國獨立戰爭前，這裡已經開發成大規模的稻田。到了一八四六年，威明頓河上方樹林豐茂的峭壁成了私人墓園，賣方是身爲美國海軍准將的塔特那（Josiah Tattnall），據說在一八五九年協助英軍攻打中國之後，他將「血濃於水」一語帶入了美國歷史。

墓園最顯著的特色，是《哈潑雜誌》在一八六〇年所描繪的「哀戚的櫟木大道」，那是一條參天長青樹夾道的長廊，由於強健的樹林一度只保留給皇家海軍使用，這些長青樹被稱爲國王之樹。一八六七年，美國山巒協會創辦人繆爾在聖文德野營五日，形容這些樹「是我所見過最壯麗的人工栽植樹木，主幹水平延伸，最後在車道上空相會，每一根枝幹都生意盎然，彷佛一座花園，有蕨類，有花朵，還有青草與短莖棕櫚」。

在龐然的櫟木上，一束束如銀鬚似的西班牙苔蘚幾乎從每根枝幹垂下，葬禮般的氣氛籠罩整片園區。西班牙苔蘚是鳳梨的遠親，奇特的花環隨著風的拂動而盪漾搖擺。有位訪客在一八五九年寫道：「猶如從天主教堂屋頂懸掛下來、代表昔日戰爭勝利之殘破旗幟。」

聖文德占地一百六十英畝，是十九世紀郊區墓地推廣運動的成果之一，墓穴從狹隘的教堂後院遷移到具有庭園風格的豪華天堂，亡者在貼近自然的環境中安息，憑弔者則得到繁花茂林的撫慰。他們將這些「亡者之都」設計成充滿希望而非哀傷之所；死亡不再恐怖，反而成了「無聲休憩」、「甜美歇息」或「永恆長眠」。

做爲現代公園的先驅，墓園成爲人們喜愛的休閒去處，民眾推著嬰兒車、拎著野餐籃、懷抱戀愛的情愫而來。據說，週日在聖文德求愛的人一定會結婚。一位觀察者描述說，聖文德是如此動人，「連死亡也減去了一半的恐怖」。

朝自己的墓地走去以前，我尋找三塊家族墓地。第一處屬於莫瑟，他那曲悲切的民謠〈月河〉是沙凡那的地下國歌。他創作的歌詞超過一千五百首，是「首都唱片」（Capitol Records）的共同創辦人，而今與妻子金潔及其他家人安葬在一起。墓碑上刻著歌名，他母親的刻著〈媽媽沒告訴我〉，妻子的刻著〈你以前一定是個可愛的娃娃〉，自己的則刻著〈天使之歌〉。

艾肯也跟雙親葬在一塊，不過未曾言明的故事並不是幸福的。十一歲時，艾肯有天上午醒來，聽見父母在吵架，然後父親對母親開槍，接著把手槍轉向對準自己。這位美國未來的桂冠詩人赤腳跑到對街的警察局。「我爸剛剛射死了我媽，然後對自己開槍。」

艾肯家上一代的墳墓只有一個紀念碑。這位心懷鬱結的作家日後與艾略特合編哈佛大學的文學雜誌，在世界各地生活後才重返沙凡那。他安葬在花崗長凳下，鼓勵訪客坐下來喝一杯，凳上有一行我哥哥用來當成網路暱稱的銘文。有天艾肯見到一艘名爲「宇宙水手」的船駛入沙凡那，爲之著迷，翻報查詢船班的航線，卻只找到一行制式化的說明，而這行文字成了他的碑文。

宇宙水手
終點未知

我探望的第三個墓與我牽連更深。

傑克・雷是拍攝《善惡花園的午夜》封面影像的攝影師，是沙凡那本地人，跟我畢業於同一所高中，夢想成爲畫家，卻爲攝影而捨棄那個夢想。他到各地擔任學徒後，返回沙凡那，到市內觀光者最多的噴泉旁，替池中天鵝拍照，那張照片令人難以忘懷。於是，他首次相信自己可以從嶄新的角度觀察故鄉。那幅照片目前掛在我們的臥室牆上，因爲琳達與我婚後不久曾偷偷到噴泉旁散步。

傑克後來出版了五本攝影集，他的主題明確，觀察入微，影像刻畫喬治亞州低地地區沿著河流、沼澤、內陸水道的垂死世界。二〇〇三年，他五十出頭，被診斷出罹患末期結腸癌。他渴望最後幾週能待在最愛的地方——泰碧島，而我的父母則提供他們的海濱別墅，傑克在我斷奶時所在的地方度過即將長逝的日子。我這位老友家裡同樣有兩名女兒，當我一開始遭受癌症的打擊時，與他的相似之處令我感到心痛，我很想知道他在人生即將走到終點時的心境。

他的前妻蘇珊說：「傑克主要的工作是紀實攝影。」在傑克生前最後幾個月，蘇珊陪在他的身旁。「這份工作眞正的內涵其實是當一個坦誠的人，可以身在任何處境，可以敞開心胸參與其中。培養藝術家的技巧，其實就是學習做一個眞誠的人。」

「有件事讓我覺得很不尋常——」蘇珊又繼續說道。「傑克住院好幾個月後，我們開車前往泰碧島，一路上他一直說：『開慢點，我忘了這世界其實有多美，你看到那個嗎？你看到那個嗎？』我不斷想著：他看見了，因爲他已經拜訪過死神了，不過也是因爲他培養出敏銳的觀察力。那時的他已經沒辦法拿相機，不過相機也已經不重要了。」

傑克尤其喜愛聖文德。他女兒葛蕾琪小的時候，父女倆每天都要在墓園庭院裡散步好幾個小時。在傑克的病還沒被診斷出來的多年前，他的健康早已惡化，那段時間他開始拍攝聖文德附近與其他墓園裡無數的石天使。蘇珊說：「我認爲他在不知不覺中重拾他所承襲的精神。」

在我的診斷出爐的前幾個月，琳達留意到我變得煩躁易怒又失眠，後來還說：「你不像你了。」傑克的家人也察覺到類似的狀況，而且這個狀況影響到他的工作，他頭一次捨棄始終是他招牌的超焦距，開始拍攝模糊失焦的影像，尤其是水。

蘇珊說：「傑克從來不做任何無意識的事情，他最貼近自我的作品永遠聚焦在水上頭。他常常做一個夢，夢見在拍照卻無法專心，接著潮水突然打上來，把所有器材沖入海裡。」

這是什麼意思？

她說：「我認爲，身爲藝術家，他擔心自己的努力不會被人記住，不過到了臨終時，他獲得了心靈的平靜，明白即使在相機可能被沖進海裡的時候，即使在忙著創造藝術的時候，藝術也正在創造你，而且你將帶著參與過的精彩人生離開。」

她接著說道：「傑克臨終時，老是要求我唱女兒小時候我常常唱給她們聽的搖籃曲，歌詞講到河流，說河流怎麼帶我們回家。他過世的前一晚，我躺在他身邊睡了一會，在夢裡有人叫我告訴他，死亡就像躺在飄浮於河流上的小船，只要放鬆讓河流帶著他就好。後來我在他床邊找到一盒拍立得相片，他最後拍的所有影像都在裡面，最上面是一張模糊的照片，拍的是停在河岸船塢上的獨木舟。」

＊＊＊

法勒家族墓園位於Q區第五百七十號墓地，緊臨努涅斯路，形似橢圓梯形，大小約是十五公尺乘十公尺，外圍有道低矮的石頂牆，兩端牆頭各種了兩株櫟樹，樹幹苔蘚斑斑，若干菌類從地面冒出。

現有的六個墳墓分布在後側，祖父本來要求在自己的墓碑上刻著「他做了應做之事」，不過他自殺後，我父母認為那段墓誌銘並不妥當。如今他的墓石上刻著「受人深愛的丈夫與父親」。

我迅速計算出死者的年紀，六十一、六十二、七十七、七十八、八十二、八十九。四十四歲似乎太過年輕了。我倒抽了一口氣。

坐落在一角的長石椅上有這麼一段刻字：「願他們的生命之美永遠閃爍，願我們的生命永遠為他們的回憶增光添榮。」我坐下來觀賞眼前景致。

午後陽光正好穿過樹林，我瞥見了威明頓河，以及其後方通往泰碧島的橋。有隻老鷹在半空盤旋。繆爾曾經觀察過棲息在櫟樹上的禿鷹，而今同樣的樹木則發出唧唧的蟬鳴。

過了一會，琳達來了，和我一起坐在長凳上。在得知罹癌的前一、兩週，我終於撥空更新了遺囑，當時我問琳達，她認為我們應該葬在哪裡，她選擇了聖文德。

她說，我們在沙凡那結婚，女兒一輩子都會來這裡，此處的沙壤是我們的試金石，驗證我們生命的意義。

今天是她首次造訪這裡。

「好美。」說著她輕巧地將手臂繞住我的後背。

我說：「我想起《創世記》裡的一行詩。創造宇宙的每一天後，上帝會看看天空、看看海洋、看看陸地，然後宣布說『很好』。這地方很好。」

我的視線來回梭巡，想像爸媽、琳達與我有天將在哪裡安息，卻無法選出一個定點。感覺好像做了一場噩夢，在夢裡即將死去，卻在關鍵時刻醒了過來。

轟隆隆，打雷了，我們看著天空。不祥的烏雲快速舞動，席捲沼澤上方，上演沿岸地區典型的午後景象。如注的大雨不久便穿過蔽空的濃蔭，三兩下便把我們困在豪雨之中。

我們起身準備離去。走時我背誦起自己鍾愛的一首詩：希爾弗斯坦（Shel Silverstein）的〈此橋〉。很久以前，我便要求琳達未來在我的喪禮上朗讀這首詩，詩中講的是一條通往世界各地的路，經過吉普賽帳篷、氣味濃烈的阿拉伯市集，穿過獨角獸自由奔馳的奇異樹林，最後以一針見血的意象作結。

而這座橋將只帶你走到半路——
最後幾步路你必須獨行。

就在我讀完詩時，琳達的嘴吻上我的唇。她低語說：「不許這麼說。你會留在這裡很久很久。」淚珠滾落我們的臉頰，鹽分徐徐淌入嘴裡，雨水讓頭髮纏結。我的拐杖墜落地面，在聖文德雷雨打造的漆黑教堂中，我們緊緊相依，額頭貼著額頭，在有一天我們將永遠長眠的土地上親吻。

19 失落之年記事——卷六

四月十四日

親愛的親朋好友：

近日，縱使寒冷的陣雨依舊使地面一片泥濘，使我們將大衣手套留在身邊，但在多數的早晨，陽光活潑的小號會喚醒我們，且在晚餐時間過了都還遲遲流連不去。對街的梨樹不久前忽然開了一樹的花，偷偷向我們承諾春天已經來了，將再一次令我們充滿生氣。

那些花對我來說，同時代表另一個年度的里程碑。四年前的今晚，琳達和我步出位於曼哈頓的公寓，進行一項冒險。那時與現在一樣，我們在九個月的漫長煎熬中摸索前進，迷宮裡盡是醫生診間、無數檢驗與偶爾爆發的焦慮。那時與現在一樣，我們其中一人長時間臥床，偶爾可以移到沙發上，如此維持了三個月，才獲准下床。那時與現在一樣，我們數著分分秒秒，等候春天到來。那一夜，我們坐在街坊的義大利餐館，點了薄餅披薩、幾個月來的第一杯酒，單純享受著出門溜達的樂趣。那晚我記得最清楚的是，我凝視琳達的眼睛，心想：「她準備好了。」

那天是二〇〇五年四月十四日，隔天她便生下我們的女兒。

我們家是靠女兒的生日來報時（相信我，無論季節爲何，每小時都會報時！），今天還是一樣。歷經九個半月、醫院裡的二十九個晚上、上百次的看診、上千顆的藥丸、多次振幅達十多公斤的體重改變，我的化療終於結束了。正如所料，最後幾輪充滿了挑戰，因爲我的身體更加孱弱，累積的副作用更加難受，而服藥讓我的大腿不時劇痛一陣。到了末了，等待最後一次血液檢查結果時，我屏住了呼吸；檢查結果不是送我回醫院，就是准許我不必再回診。護士打電話來報告：「數值非常正常，你明天不用來了。」我放下話筒，忍不住在沙發上哭了起來。

我懷著幾分的驚恐來到了這一天。一方面，從去年七月開始威脅身體的攻擊終於結束了，另一方面，我們不需要再積極對付這個問題了，因爲我們已經提供身體可能的最佳治療，如果還殺不死唯恐在體內轉移的癌細胞，那麼就表示殺不死了，但我們無從得知結果爲何（基於這個理由，在可預見的未來，我每四個月將接受一次多層掃描）。我曾在最後的幾週懇求醫生，如果他們認爲化療有用，請讓我再做下去，因爲更容易罹患這種病的孩童通常都會做更多的化療。醫生卻認爲可能的益處並不會勝過嚴重的不利，宣稱我已經完成了化療。從去年夏天起，我的時間完全被無情的治療時程所支配，如今忽然間它又聽命於我，這個進展令人既喜悅又不安。

短短幾週過去，我的胃口、精力、甚至毛髮都開始回來了（在一月，我略微長出了些毛髮，不過有如二月的水仙花吸芽*被季末的晚雪摧毀，細毛也旋即得到應有的懲罰。我心灰意冷地向你報告一件事：我的頭髮長是長回來了，卻有幾塊頭皮光禿禿的，這是電影《今天暫時停止》裡的殘忍詛咒：我將不斷重新體驗邁入中年的心情）。我的心已經開始抹去不悅的記憶，這也許是與懷孕最深刻的相似處，母親總是在產後忘卻孕期的不適。因此，在我徹底替自己洗腦前，且讓我以一段話結束失落之年的這一章，那是最後一次化療的那晚我對琳達所說的話：「願你活到百歲，以親吻向所愛的人道晚安，並在睡夢中安詳長眠，不要經歷我所經歷的。」

化療的結束帶來了正面結果：手術修復過的大腿由於化療的阻礙，無法進行全面復健，現在終於可以展開了，赫利醫師最近對我說的一句話就說得

*在莖上著生的芽體，是母株處於生長最旺盛階段所抽發的新芽。

很妙：「時鐘又開始走了。」先前之所以無法展開復健，是因爲在骨頭與人工骨完全連接以前，我必須繼續使用拐杖，並避免左腳承受過多的身體重量。手術將近四個月後，我的活動能力大有進展，如今淋浴時可以站立，穿鞋襪時可以彎腰，還能在拐杖協助下，在街坊附近散步一下子。我多次低頭看看大腿，它還在，簡直是奇蹟。

不過，拖拉著沉重的軀體，又必須忍受漫漫長路，有時我幾乎難以招架。大體來說，行走需要運用三塊肌肉：小腿後肌、大腿後肌與臀肌，我的這些肌肉從根本來說很健康，我要面對的是三個首要問題：腳踝的彈性有限、膝蓋的彎度受限，再加上失去三分之一的四頭肌，這些問題輪番造成坐下、走動、睡眠與開車的麻煩，就連自己做個花生醬三明治也是困難重重（我太太提出控訴，說我有辦法從櫥櫃拿下盤子，卻沒辦法將它們放進洗碗機）。

物理治療開始了，我的復健團隊對我的恢復情況抱持樂觀。上週我騎了健美車，昨天在泳池裡走路。不過這個過程（姑且稱之爲抗癌大戰的第四階段好了）將持續起碼一年。我不時開玩笑說，每次做物理治療就是在學豬哼哼哀號。赫利醫師的形容也很生動，他說一堂標準的復健課，就是一曲由啊啊呃呃組成的合唱，「在物理治療中，我們以分貝來評估進展。」

兩位小壽星呢？她們可好？一月時，有一晚我醒著躺在床上，感覺術後長期住院與其後的居家臥床休養，都快讓我和女兒有點生疏了。到今天，我已經在家連續待了三個月，利用拐杖上下樓梯一個多月，不再有生疏的感覺，這點令我相當開心。泰碧與伊甸飛速衝向她們的四歲生日（或者應該這麼說，她們搖搖晃晃騎著加裝輔助輪的嶄新「大女孩腳踏車」衝向生日），就像活潑、敏感、愉悅又有想像力的年輕少女——哎啊，是年幼的小女生。近幾個月來，她們通情達理，不鬧脾氣，安然度過了生活中無數的反常情況。

我很高興向你報告，不知不覺間，她們的調色盤不再只限於紫色與粉紅色——伊甸加了藍和綠，泰碧多了巧克力色。芭蕾與游泳並駕其驅，現在洗髮刷牙往往不需聯合國插手就能獨力完成。當她們編造奇特的遊戲，與想像的朋友一起玩，替傳統歌謠即興塡詞，或在晚餐的押韻遊戲從頭竊笑到尾，在那樣的時候，她們的心最活潑，鈴鐺般的笑聲最溫柔。有一回，我不知不覺隨口念出「星期二，猴子肚子餓」、「星期三，猴子去爬山」。泰碧問：「這些字爲什麼聽起來這麼好玩？」我說：「因爲有押韻。」伊甸追問道：「可是，押韻有很多種耶。」我吃驚地倒吸一口氣，看見自己的未來從眼前一閃而過，還得試著解釋「押尾韻」的意思……針對兩個三歲大的孩子！我發現我必須調整對她們的看法。伊甸與泰碧也許還不用做功課，可是爲了趕上她們，我們要！

這兩人的確有不同的地方。伊甸跳舞比較大膽，勇於探索極限，尋求眾人的注意。泰碧看書看得很快，比較愛漂亮，是濫情的創作歌手，看起來也是兩人之中更追求國際化的。她貪婪閱讀能碰到的所有德語法語書籍；最近稍微沾了一點印度的東西，便堅持要琳達教她印度語。伊甸則相反，事事以美國爲優先。最近泰碧盤問我，爲什麼我常常說「我愛你」。我說：「這是爸爸的特別語言，你想知道怎麼用『爸爸』數到十嗎？」接著便開始念：「我愛你，我愛你，我愛你……」一路反覆十次。泰碧當下就宣布：「你知道怎麼用『泰碧』數到十嗎？」然後開始念自己的那串「我愛你」。伊甸卻不來這一套：「你知道怎麼用『伊甸』數到十嗎？一、二、三、四……」

去年夏天你若是告訴我，我們承受得住治療的打擊，與女兒只會有少數難堪的時刻，那麼我會欣然落淚。今天，我發現她們與我經歷了這一切，因而可能學會如何表現出多一點的體貼、多一絲的關懷、多一分的慈悲。她們跑去擁抱遊樂場裡只有一條腿的女孩，她們眼尖地發現童書的插畫中藏著一隻拄著拐杖的兔子。當其中一人只是若有似無地擤了擤鼻子，她們馬上答應要互相照顧，還發明了一個特別的方式，鼓勵自己呑下必呑的藥丸。

約一個月前，我在十二月末的手術後首次與女兒外出遠足，琳達的媽媽跟我帶她們穿過幾條馬路去吃披薩。晚餐後，我們繞過街角往家的方向走，女兒牽著外婆的手，我則殿後，落後了一個街口。後來，泰碧突然放開外婆，朝著我飛奔而來，主動要幫我拿拐杖。她說：「爸爸，我愛你。」過沒幾天後，伊甸半夜醒來，到我床邊告訴我什麼怪獸、噩夢還是小女孩受驚嚇的故事。她到我懷裡要求抱抱，然後我說服她讓我陪她走回房間。我下床時，她伸手拿我的拐杖。若說我對過去一年有什麼難忘的記憶，那就是我和女兒在剛過清晨四點時走過漆黑的通道，她那五根小指頭抓著我手底下鬆軟的握把，當拐杖反而支撐著她，拐杖在那一刻於我的腋下融化。我哪還需要拐杖啊，我開心到感覺自己輕飄飄的。

我們。剛才提過，我們靠女兒的生日來報時，我的意思是，對於琳達與我來說，四月十五日永遠不光跟她們有關，也與我們有關。頭一年，琳達度過高風險妊娠的潛在危險，忍受臥床安胎的不便，順利通過難關，生下兩個兩千七百克重的嬰兒，中間僅僅相隔三十二分鐘。接下來，當我們都還不知道怎麼照顧一個娃娃時，卻一下子得照顧兩個，而且還想辦法掙脫混亂，跟對方說說話，這個日子代表我們克服萬難，挺過這項不可能的任務。然後，隔年的這一天變成忙著應付斷奶、坐便訓練與挑食，我們必須一起面對兩名幼童製造的麻煩，亂發的脾氣。

接著，今年的同一天來了。

我們仍然熬了過去。

當琳達懷孕時，每晚睡覺前，我們會朗誦一首給女兒的小詩，兩人都有各自負責的句子，粗體字是由琳達念的。

爸爸愛你們，
爸爸愛你們的媽咪，
你們的媽咪愛你們的爸爸，
你們的媽咪愛你們，

你們相親相愛。

你們仍然是兩個獨特的個體，

不過……

你們仍然是兩個獨特的個體。

然後我們加上倒數時鐘，鼓勵她們在媽咪的肚子裡待滿三十六週（雙胞胎的足月）。

你們已經在媽咪肚子裡二十四週……

在媽咪的肚子裡再待十二週！

這首詩變得意義深長，因此在泰碧與伊甸出生的第一晚，我對她們說的第一段話就是這首詩；在她們來到陌生的世界之際，我嘗試安撫她們的眼淚、減輕吵嚷的聲響。接下來有好幾個月，我們會在哄女兒上床睡覺時讀這首詩，想要讓時鐘倒過來走。現在我們一年只朗誦這首詩一次，就在她們生日當天。明天晚上她們睡覺前，我們會再朗誦一次。她們八成不會理我們，或懇求我們念別首眞正的詩，或展開每夜的拖延戰術：「媽咪，你忘了我的水。」「爸爸，你會坐著陪我們一下下嗎？」「明天穿裙子還是洋裝？」不過我們會堅持不懈，用手臂環繞對方，在讀到最後一句之前就開始落淚。

因爲今年的生日代表的是又一個非凡的時刻。這段日子，當在鈴聲大作的電話與煮沸溢出的鍋子之間飛奔時瞥見彼此的目光，當女兒說出荒唐無比又可愛得要命的話，當我們聽見曾讓我們發瘋的搖籃曲居然令懷舊之情油然而生，當夜半時分有人把手伸到床的另一頭愛撫肩膀或肌膚，在這樣的時刻裡，我們彷彿經歷了天長地久的時光，頭一次心裡不只想到恐怕會失去對方，反而准許自己閃過一個念頭：也許我們已經熬過了最糟的狀況，也許我們會再有一年，也許會再有許多許多年的日子。

因此，四月十五納稅截止日，在許多人公認是美國數一數二可怕的日子，我們希望你能花點時間，爲我們這個特別的里程碑而展露微笑，爲某個可能受傷的熟人擔任拐杖的角色，對你所愛的人伸出臂膀，感受新的一年再度來到的簡單奇蹟。

今天春天，當府上附近的某棵樹開花時，找個時間替我散個步吧。

Love,

Bruce

20 創造力爸爸約書亞　美是人生的良師

在新墨西哥州北部，格蘭特河河谷上方的天空寬闊渾圓，一道道浮雲於峽谷上空徘徊，朝左右遠處延展，彷彿兩隻將擁抱你的臂膀，在地平線上形成一道彎弧。晚霞多彩，桃色、杏色、粉色，讓我想起兩個四歲大的孩子最近開始畫的圖畫，塗料不再是紙張中間孤單的一坨，而是伸展到畫紙的邊緣。眼前的景象有如一幅色彩溢出版面的畫。

約書亞．雷默說：「新墨西哥州的夕陽是世上獨一無二的。」這點他一定很明白。他是阿布奎基的在地人，是巡迴各地的作家，是業務顧問，也是特技飛行員，目睹過北京、倫敦、京都、羅馬與普羅旺斯的日落，而這些還只是他上個月去過的地方。「在這裡，每到黃昏，民眾便會把車子開到路邊觀賞日落，就像全民熱中的體育運動一樣。」

我們正坐在拉馬山側的野花田裡，一間位於卡遜國家森林內、海拔兩千六百二十一公尺高的心靈靜修中心。十年前，熊熊野火肆虐此地，而今鼠尾草、薰衣草、風鈴草、耬斗菜、粉色垂花蔥競相抽芽，長成一片及膝的矮叢，只是抬眼望去，無皮黃松彷彿往天空劃出了傷疤。在這裡，復活的生機清晰可見，然而細細觀賞這一幕風光時，你無法不去想起始終存在的傷心往事。

約書亞是我最近才認識的朋友，也是我最後才加入的爸爸。他帶我到這裡參加夏日靜修營，淨化體內的化學物質，畫下我治療的臨界線，並提煉他對我們女兒忠告的精髓。

不過其中有詐：首先我們必須要花一天時間冥思禁食，而且不能說話。

我問：「你是說，你讓我越過半個美國來和你談兩天，結果反而有一天是不能跟你說話的？」

他說：「那正是雷氏作風啊！」

那正是雷氏弔詭。

＊＊＊

我一開始有爸爸後援會的想法時，曾設想將有份名單，名單上的每個爸爸都是各自與女兒培養出私密關係的獨立個體。當我開始與這些男人分享這個想法時，後援會竟開始自行發展。首先，爸爸們採取行動，一個為我們訂了雜誌，另一個順路來坐坐的頻率增加，還有一個討了更多女兒的照片，正如其中一個所言：「我認為加入後援會的責任包括了解女兒的成長。」

還有更叫人吃驚的，這些男人對彼此也起了濃烈的興趣，以及同樣強烈的好奇、親切與競爭。兄弟會於焉成立。我的名單概念忽然再也不適用了，他們反而更像是女兒可以尋求慰藉的社團。

在這個圈子內有幾種人物：我的兒時好友、營隊指導、大學室友、事業伙伴、最親近的知己。不過，還有最後一個空缺要補上。

琳達說：「缺的是你富有創意的一面，這部分的你是直觀的，是會拍照的，是會從旅行中帶回奇怪面具與貝都因游牧民族毯子的。你看見的事物是五彩繽紛、不是只有黑白兩色。當女兒問我，爲什麼我們家牆上有日本和服，爲什麼你最喜歡的顏色是橘色，我需要有人來解釋你對世界的看法。」

約書亞就是那個人。

當其他人都在互相打量時，他卻會環顧屋子說：「哇，這不是很美嗎!?」他是一群人裡的小弟弟，按自己的時間表過日子，頭髮有點桀驁不馴，正當媽媽認爲他總算把自己打理乾淨了，他卻會在感恩節時蓄著鬍鬚出現。他特立獨行，不做功課，反而東想西想，引述名不見經傳的詩人作品或搖滾樂歌詞，相信這些才是眞實的。他是那種講「老兄」卻能不帶諷刺的人。

他是所有女孩傾心的對象，因爲他萬分迷人。

六年前，我在猶他州一個在山頂舉行的會議首度見到約書亞。約書亞曾是《時代》雜誌的外文編輯，由於與琳達對國際事務同樣充滿興趣而相識。當時他住在北京，埋頭苦學華語，在接下來短短幾年內，晉升爲一流中國情勢分析師，能寫文章，又能替《財星》雜誌選出的五百大企業集團執行長提供諮詢，後來更在北京奧運開幕典禮上，與知名體育播報員寇斯塔斯（Bob Costas）共同擔任播報工作。

約書亞有搖滾明星的不馴眼神，有攀岩高手的體格，在國際交流中往往能讓在場者心醉神迷。他不僅具有經濟學者的見解、詩人的靈魂，還能以仿若禪思的意見迷惑客戶，他簡直就是以叛逆形象著稱的影星狄恩與蘋果電腦創辦人賈伯斯的結合。他還打定主意不結婚，甚至爲此沾沾自喜。

那晚在猶他州，我們忽然在深夜聊起了上帝、他渴求改變的野心與西藏的某位女孩。在半夜三點左右結束談話時，我回到自己房間，他則去泡了熱水澡。多年來，約書亞偶爾經過紐約時，會順道過來我家坐坐，琳達與我卻在幼兒鴨嘴杯與尿布堆中忙得不可開交。

然後我病了，在一夜之間，約書亞開始在我們的生活中固定出現，成爲每月出現一次的彗星、提供安慰的同伴。就在那幾個月，我發現他新的一面，那一面令我想起了——嗯，我自己。他會穿著訂製西裝，再套上飛行員夾克，搭乘借來的飛機，在非洲納米比亞四處遊說。他幹勁十足，出手豪邁，常常搭噴射機來往各地，卻也會去南非愛滋病安養院擔任義工。他熱愛美好的事物，卻也受到痛苦的吸引。

在我灰色的一年，他幫忙我恢復對色彩的愛戀。

即使當我身體承受病痛，他仍提醒我保持雪亮的眼睛。

琳達感動地說道：「在這一年裡，少有人像約書亞這樣對你的歡喜苦痛感同身受。如果女兒想知道你對事物的感受有多深、你看世界的觀點有多生動，我會送她們去找他。」

我希望約書亞傳達給女兒的，正是那份細膩的情感。他會教她們如何欣賞美好的萬象或微妙的風景，即使她們受傷了，他也鼓舞她們持續尋找生命的驚奇。他會親自向女兒示範，如何時時讚嘆四周不時出現的奇蹟。

約書亞會教她們如何觀察。

＊＊＊

我問：「我們為什麼在這裡？」

必要的靜默變長了，必然的飢餓感也變得更加強烈。隔日，我們在搖曳的白楊樹叢中，坐在潺潺流動的小溪旁。

約書亞足足沉默了一分鐘。

他說：「我們在這裡討論父親的身分。從很多方面而言，新墨西哥州就是我的父親。在男孩的生命中，父親的職責是讓他成為男人、讓他知道怎麼察看世情。我的親生父親是個不凡的人，是我最親的朋友，任何時候我得要做出重大決定時，都會打電話向他請教意見。不過，我逐漸長大以後，需要的是不同的東西。」

他朝我們四周的動物保護區比了比。「是新墨西哥州的曠野造就了今日的我，它對我灌輸美好事物的可貴，教導我如何冒險，讓我知道怎麼鼓勵自己。」

「那麼，你觀察這片景色時看見了什麼？」

他說：「我看見不停延展的視覺詩篇，這條小溪，雲，昨晚的落日，當你成長期間學會以那樣的角度觀察，你將永遠以那樣的角度來看待事情。」

我問他，他怎麼教別人以那種方式觀察。

他說：「跟你正在看的事物關聯不大，重點完全在於你是誰。要以那樣的方式觀察，需要某種內心的平靜。一流的特技飛行員開飛機完全不用參考艙外的目標物，他們不需看地平線，反而是往內心尋找更精確卻更難培養的方向感。」

約書亞小時候期待長大能成爲飛行員，卻爲了新聞工作而放棄夢想，十年內，在主流媒體依舊呼風喚雨之際，成爲媒體模範生。接著，在二〇〇〇年，赴剛果共和國出任務時，目睹了一場大屠殺。「基本上，我斷定自己目睹了十分可怕的事情，光是身爲記者，對我來說遠遠不夠。」他離開了那一行，從坐而言的書生轉化成起而行的戰士。

約書亞說：「我最喜歡引用的，是羅馬將軍伊帕米農達斯的一句話。西元七〇年，有一天他召集軍隊準備打仗，當時人正坐在椅子上，結果椅子居然垮了，他的手下慌了手腳，擔心這可能是惡兆。沒想到伊帕米農達斯竟起身宣布：『這是我們必須奮起而戰的暗示。』」

他繼續說道：「這句話讓我喜愛的地方是，它告訴你，你怎麼看待一件特殊事件是很重要的，你可以把惡兆變成吉兆，還有，這句話也贊許積極人生的力量，尤其在任何角落都可能有戰爭、流行病或其他意外危機的時代，積極的心態是面對世界的必備條件。」

＊＊＊

出發前往新墨西哥州的前幾天，琳達、我和女兒被困在飛機跑道，一波接一波的雷陣雨通過上空，機上將近三十名乘客越來越不安。

一個小時後，雨停雲散，天空出現如詩如畫的彩虹。泰碧首先發現，開心大喊：「伊甸，看！有彩虹耶！」伊甸問：「在哪？」「噢，爸爸，**快看**！我們第一次看到彩虹耶！好漂亮，我簡直受不了了！」兩人開始在座位前手舞足蹈，那份歡欣純粹無拘，彷彿有條獨角獸自雲端奔馳而下，一把抱起海浪裡的美人魚，這時正在我們窗邊輕快旋轉。

看見她們的喜悅，所有乘客忽然鼓起掌來。

坐在小溪邊時，我告訴約書亞這個故事。他說：「我就是那個意思，世界不斷充滿著彩虹般的奇蹟，有時居然得藉由一個爛透的情況來強迫我們以不同的角度觀察。」他又補充說：「你生病的時候就是這種情形。」

我問他，爲什麼這場病對我們的友誼幫助這麼大。

「聽到你生病時，我的第一個念頭是，你身邊一定很需要人手，於是我不管三七二十一跳進來插一腳後來我在你身上看到，當美好的事物並非天天出現，醜惡的一面卻不時發生時，一個人要怎麼去面對這樣的時刻，而且你竟然還能以優雅幽默因應它。坦白說，這樣的態度我想我是做不到的。這樣說吧，我跟你在一起並沒有考慮到自己，反倒學到很多門關於人類能耐的功課。」

「假如我的女兒來找你，問起這一年的情況，你會跟她們說什麼？」

「我會告訴她們，我觀察到一個認眞過活的男人，因此當他面對人類可能遇到的最糟糕的事情時，能夠無悔地迎向它。想一想，能說出那樣話的人少之又少。我碰過其他奮力抵抗絕症的人，但你卻完全不一樣，我想這是因爲你知道自己是誰，心裡很清楚自己的方向。」

「那麼你怎麼教人那樣做呢？如果我的女兒請你協助她們認識自己，你會怎麼做呢？」

他說：「噢，很簡單，我相信美是最好的良師，我會教她們背奧登（Wystan Hugh Auden）的詩句和莎士比亞的十四行詩，這麼一來，不管任何時候、任何地方，她們都可以坐到樹下，與奧登或莎士比亞或任何人爲伴，度過一個午後。我會帶給她們能反覆聆聽、永遠牽動同樣情感的馬勒交響樂。我會讓她們知道怎麼欣賞表達內在活力的中國書法，如果心中有疑惑，疑惑會表現在一撇一捺上。」

約書亞早脫了鞋子，把腳泡在水裡蕩來蕩去。我們抵達時，泉水還沒開始潺潺流動，這時則已緩緩增強水流，注滿了我們面前的盆子。隔日上午我們將開車下山，與他的爸媽共進晚餐，隨後這位昔日意志堅定的單身漢會談起自己的婚事、自己成爲人父的事情。彼得潘正在長大，卻保留了他孩子一樣的觀察力。

他又繼續說道：「我希望伊甸與泰碧了解，發現美好的事物非常容易，她們在飛機上感受過的驚奇不會離她們而去，她們的身邊到處都是奇蹟，只是你必須學會看穿雲層，走出去親自收割那些奇蹟。還有，我當然也希望她們明白，即使在生病時，你也從來沒有失去這種觀察習慣，我們所有愛護她們的人同樣希望她們能那樣觀察世界。」

21 在山坡學雜耍

約翰・赫利的辦公桌上方掛了一幅波士頓芬威球場的印刷圖片，傳達出透過小男孩的目光觀賞球場的景象，星條旗在上空飄揚，天空是超人緊身衣的顏色，「綠色怪物」*自高處逼近。圖片右邊並排掛著紅襪隊名將雅澤姆斯基（Carl Yastrzemski）在一九八三年十月二日最後一次上場打擊的照片，左邊則是紅襪隊的月曆，日期翻到去年十月，也就是九個月前。

*芬威球場的左外野全壘打牆緊臨大街，為避免球擊中牆外的行人車輛，築有一道高達十一公尺的綠色圍牆，因而有了「綠色怪物」（Green Monster）的別號。

赫利醫師在波士頓市郊長大，他說：「你看得出來，棒球是我的初戀。」所以，當我問他怎麼學會雜耍，他回想起最具傳奇色彩的紅襪隊隊員，我不該感到驚訝。

他說：「我高中時打棒球，教練卻告訴耶魯大學的棒球隊，我的球技不夠好，不能加入他們。沒想到，在大一聯賽時，我擔任打擊手帶領球隊，竟打出了四成六的打擊率，那剛好是我最喜歡的球員威廉斯（Ted Williams）赫赫有名的平均打擊率，他是棒球史上最後一個創下四成打擊率的打擊手。」

由於大學代表隊沒有空缺，教練便邀請這位大二奇才擔任「苦勞球員」，允許他和球隊一起練習，卻強迫他負責無趣的後勤工作，例如在球隊赴外地比賽時負責租借巴士。赫利醫師回憶說：「那年我上場打擊十次，多半時候坐在候補球員區。有些人會嚼菸草打發時間，我則學會了雜耍。」

他說，球往外拋時畫出的弧線就是吸引力的所在。「我最喜歡的幾何圖形就是拋物線。高飛球或觸擊球在我眼中美極了，充滿安撫身心的力量，就像一塊摸起來很舒服的布。雜耍的魅力正是如此，居然可以讓三條拋物線同時存在！」

我問：「等等，你有最喜歡的幾何圖形？」

「當然有，我還記得它的數學公式。如果有個東西拼命轉拼命轉，遠一點看幾乎完全看不到，實在很有意思。」

他的室友想到一個主意，替耶魯大學設計有史以來第一套吉祥物（巨頭鬥牛犬）的造型服裝，於是赫利醫師一年會在好幾場足球賽中穿上這套服裝。美國首屈一指的骨科癌症外科醫師，竟然是耶魯第一個穿上吉祥物服裝玩雜耍的人。後來赫利醫師陪同友人參加馬戲團的「小丑學院」甄選，還一時興起上場參加選拔，可惜未能入選。

三十五年後，雜耍對他的人生依然具有特別意義嗎？

「當然。我還是喜歡看棒球，欣賞高飛球或上升球。有的球很容易接，被稱爲『玉米罐頭』，有的則非常具有挑戰性。」

他繼續又說：「棒球很接近我對人生的看法。簡單的球，誰都可以輕易接到，眞正讓內行人大顯身手的是飄忽不定的球，是多轉了幾圈的球。我的目標之一，是嘗試減少額外的旋轉，讓每個球都變成玉米罐頭。那是我不變的工作挑戰。我把障礙轉變成可以控制的事物，直到我可以說『我知道怎麼做這件事』。」

＊＊＊

約翰．赫利會做很多事情，辦公室的牆上沒有被紅襪隊紀念物遮蓋的部分，掛滿了榮譽狀、學位證書、感謝狀，還有《紐約》雜誌「最佳醫生」專刊的赫利醫師簡介，以及放大裱框的《時代》雜誌封面，標題是：「抗癌戰役中的希望。」他的履歷洋洋灑灑，羅列超過兩百五十篇文章、四十章的書籍內文與五項專利。他是醫學榮譽學會的會員，並且擔任國際肢體保留協會主席，這個協會也許是我曾聽過最委婉的名稱。

然而，這些都不是赫利醫師迷人的理由。眞正的理由在於他繫在脖子上有聖誕老公公與拐杖糖圖案的領結、食品罐頭廣告人物的燦爛笑容、突如其來的大笑，以及會讓我爸爸贊許的一系列智慧之言：我和你一樣痛恨你的癌症；這是一場戰爭，我打算要打勝仗；這種事會改變你，通常變得更好。

最重要的是他表達這幾句話的口氣；他總是停頓了好一會，才回答每個問題，一字一句像蝸牛一樣分開，讓你懷疑自己剛才是否出言不遜，奇特的光環讓他像是哈利波特小說裡走出來的人物。他甚至有個即使是羅琳（J. K. Rowling）*也無法想出更恰當稱呼的名號，一個能醫治不治之症、搶救膏肓之疾的鄧不利多魔法師，你要怎麼稱呼他？你覺得**赫利**如何？

在我診斷出爐的週年紀念日，吸引我去看他，替自己、替女兒收集建議的原因，正是這些怪異的行為與其背後的博學。在我的「失落之年」結束前，我需要聽聽他的意見，在我找尋父親的一年，他對我而言是如父般的角色。

一開始我問他，爲什麼他要做現在正在做的事情。

*哈利・波特（Harry Potter）系列奇幻小說的作者。

他說：「我熱愛我的工作。我認爲自己有義務利用上天賜予的天分，讓這個世界變得更好，而我可以運用這份熱情完成個人責任，這是一種福氣。這項工作我不只拿手，而且不惜冒著過度高傲的風險，努力成爲世上第一。其實，我每天早上對著鏡子刮鬍子時，都會告訴自己：『今天我會成爲**世上最棒的醫生**。』這是我尚未達到卻持續努力的目標。」

我說：「你這一路走來，先是醫學院，然後是骨科，然後是癌症，你選的都是比較狹窄、比較晦暗、比較冷酷的選項。」

他懊悔地點了點頭。「我曾經骨折七次，每次都在不同部位。我打球的時候很不小心，以爲自己比實際上還要高大強壯。不過，等到傷口復元後我又回到球場。所以我的第一志願是做運動醫學醫師。

「但沒多久我就發現，讓病人週末就可以繼續打網球已經無法充分滿足我。這個工作很重要，我很高興已經有別人在做了，而我則被更有趣的問題吸引。癌症的範圍很廣，代表最難解的問題和最迫切的需要，所以理所當然成了我的選項。」

「但你會有許多無法康復的病患。」

他說：「癌症醫師面對的不是最偉大的成功，就是最嚴重的失敗，因此你得要有面對這一切的能耐。假如你變得麻木不仁，那就表示你不夠投入。可是，如果你陷入太深，你會忽略醫者的本分。這說明了勇氣並不是盲目進入危險的環境，其實是了解事態的危險程度，卻還是設法挺起腰桿展開行動。」

他繼續說道：「巴頓將軍有句名言的大意是：『戰爭激發出人類最棒的一面。』當然也激發出最惡劣的一面。可是不管怎樣，最好的一面出來了。這是我專業裡最重要的一戰，使我有機會見識到面對重重難關的挑戰者的內心、精神與智慧，看他們如何找到原本不相信自己所擁有的力量，即便是他們的母親，也沒想過他們會有這樣的力量，可是他們確實擁有。而我在他們身上看到，人性與人的境遇能有何等不凡。」

赫利醫師停頓下來。

接著他又說：「所以，即使在對抗疾病的戰爭中落敗，我也能目睹不平凡的一面。我認識最不平凡的人，是戰勝疾病的人，他們把人生看得很透徹，清楚知道自己想完成令人驚訝的目標。做爲他們的醫生是種殊榮。」

我說：「我們第一次見面時，你告訴我們，經歷過這種事的人都會改變，而且變得更好。那句話是什麼意思？」

「生過大病的人會更了解自己，更重視家人，不會去計較芝麻蒜皮的小事。此外，他們通常變得更有靈性，不一定是宗教方面，而是落實於眞實生活中。他們對旁人的痛苦會更敏感，更有同情心。」

我說：「好，那麼很多人一定會問，『如果我沒有遇到這種事，難道就不能成長了嗎？』」我比比自己的大腿。

赫利醫師說：「我想這也是我自己努力的目標。我們學醫的都會說，只要好好保養就不會生病。現在幾乎人人都相信這個說法，包括我自己。當然，這句話不免有些自欺欺人，不過我們願意相信它。

「身爲醫者，設身處地體會病人的感受，的確讓我們自己有所成長。有機會深入接觸人類的情感，對自己的人生幫助很大，所以我才會說：『接近有困難的人，理解他們的處境，最重要的是聆聽。』就好像我父親常常說的：『把嘴巴打開，什麼都學不到，把耳朵打開就不一樣了……』」

＊＊＊

我不是在大學時學會雜耍，而是在十三歲時參加夏令營學到的。我的指導員接受過默劇大師的指導，教了我們各式各樣的把戲，例如在空無一物的情況下假裝擦窗戶，或是玩拔河。有一天早上，他開始教我們雜耍。我們從早餐室偷了柳橙，站在帳篷外的碎石山丘，笨手笨腳地開始拋了起來，從一顆、兩顆，進步到三顆。

只有一個難題：由於我們是在斜坡邊上練習，所以每當我們一失手，這些陽光般的小圓球便會掉地（在頭幾個小時，它已掉了無數次）、爆漿，然後搖搖晃晃滾到斜坡底，濺得我們一身的果渣和汁液，氣喘噓噓地追趕和撿拾柳橙。我們徒勞無功，狼狽不堪，猶如不肯承認自己有多麼愚昧的小丑。

可是，這樣的練習是有用的。

此後，那次粗略而笨拙的雜耍嘗試，對我一直像是人生的箴言：永遠都讓自己在山坡學雜耍。如果你想嘗試某件事，就去嘗試吧；我有個當導演的朋友喜歡說，如果你要擺這個姿勢，就去擺吧，不要扭扭捏捏只做一半。

不管是由於我們同樣在青少年時期學會了雜耍也好，或是因爲我必須將醫生當作救星也罷，我開始將赫利醫師視爲這個理想的化身。這是一場戰爭，我打算要打贏。我會堅守到最後。今天我會成爲世上最棒的醫生。

他始終不怕做白工，不畏嘗試，保持山坡上的學習精神。

有鑒於此，我很想知道他可能從我的病例獲得什麼教訓，尤其要是我成爲他的失敗案例之一。

我說：「十五年以後，我的女兒來問你：『爲什麼我爸爸死了？』你會跟她說什麼？」

我從沒見過「停頓大師」停頓這麼久，然後他清了清喉嚨往前傾身。

「我會說，這個問題無法簡單回答。一來，每個人都會死，甚至許多人根本沒有活過，而你爸爸活過了，只是活得沒有我們大家所希望得那樣久。他不在了，這的確讓人傷心，不過，你要知道他有多麼愛你、爲了你多麼努力要活下來，你要覺得安慰。」

「如果她接著問你：『你接觸過這麼多即將走向生命終點的人，那你能建議我應該怎麼活嗎？』」

他再度沉思了一會，然後說道：「從你做的每件事情中獲得喜悅，幫助身邊的人，在這世上留下印記。」

「她說：『要是這樣走下去，到後來我從事跟你類似的工作，我需要什麼來打贏自己的戰爭？』」

這次停頓終於縮短了，赫利醫師正在立下決心。一年前，獲知診斷結果時，他直視我的眼睛說道：「把你的手交給我，我會讓你知道怎麼做，我們一起來做。」在那一瞬間，我的腿無法更彎，我的眼充滿了驚恐，但我會隨著這位戰將到他引導的任何地方去。

赫利醫師說：「我會告訴你的女兒：『好好做功課，在工作與家庭兩方面都盡量找到最棒的伙伴，堅定不移地朝目標邁進，不要回頭看，因爲回頭只會浪費精力、讓你分心、產生懷疑與指責，對你自己或身邊的人造成傷害。』」

他說：「這就是我所謂的佩吉（Satchel Paige）手段。佩吉是很出色的投手，卻因爲黑人身分而一度被拒於大聯盟的門外。羅賓森（Jackie Robinson）是首位打進美國職棒大聯盟的黑人球員，佩吉繼他之後進入，替克利夫蘭印地安隊擔任投手，四十二歲時終於獲選參加明星賽。有記者問他：『嘿，佩吉，你不後悔在全盛時期沒有參加明星賽嗎？』佩吉回答：『不要回頭看，你可能快要被超越了。』

「我認爲那句話用在癌症、健康與人生各方面都非常貼切。你需要從歷史中學習，卻不可老想著過去。你需要自我提升，卻不可陷入死胡同。我會告訴你的女兒，迎向未來，那是你爸爸希望你做的事，因爲他自己就是那樣做的。」

22 失落之年記事——卷七

七月十三日

親愛的親朋好友：

這一週，晨曦在史那格海港水面上閃爍微光，鱈魚角的氣候與女兒今晨摘下的藍莓同樣動人。「五月陰」與「六月霾」是紐約連日來的氣候寫照，今年夏至更成了一年之中最陰沉的日子。離開那裡，晴朗的天氣與新鮮的原野令我們感到愉悅而寬心。

上週我到紐約最時尚的區域拜訪一位許久不見的朋友，坐在他的椅子上，四周盡是舞廳旋轉彩球、豹紋沙發和粉紅色頭髮的洋娃娃。米開・朗基羅（沒錯，是他的本名）給我一個擁抱，我們談起上次見面到現在這段期間所經歷的恐怖折磨。然後，他便開始工作了。當時是傍晚五點三十分，我失落之年的第三百六十五天，我準備要做一件整年都沒做過的事。

我要剪頭髮。

從首度得知左大腿骨出現骨性肉瘤後，十二個月過去了。最近每季的檢查都帶來很不錯的消息，骨頭或肺臟沒有癌細胞的蹤影，人工骨也正順利長入大腿骨裡，就像赫利醫師說的：「你快好了，眞的。」

接著他又說：「不過我們都知道……」

因爲，從審愼的層面來說，化療使得我好幾根手指的指尖神經病變，腓骨移植到大腿骨的結果也不如預期，我可能必須再次動手術矯正。還有，我的大腿依然造成生活上的不便。雖然沒有開香檳，但抵達這一年的里程碑還是讓我們相當安慰。我的失落之年結束了，漫漫長路卻正要展開。

從四月開始，我到曼哈頓特殊外科醫院接受一流的物理治療。（完整院名就繡在員工制服上：骨折跛腳醫院。這樣難聽的名稱，難道是大文豪狄更斯的傑作嗎？）泰瑞莎・基艾亞負責照顧我，她個性愼重嚴格，曾是籃球奇才，如今則定期監督紐約大都會隊、洋基隊球員以及某些歌劇女角等各種人士的照護工作。我第一次去時，她仔細分析我大腿的每一種伸展、彎折與抬放，然後宣布：「我認爲你預後情況會非常理想。」

泰瑞莎要我遵守嚴格的復健課程，包括各種動作練習、舉重以及騎固定式單車。我也在水池裡運動，並且在「水步機」上行走，水步機基本上來說就是跑步機，只不過加上了及肩的透明雙層壓克力牆，牆內注滿了水，感覺像在大型魚缸裡漫步。

鼓舞人心的消息是，我的進展快速，有時走路只需要一根拐杖，但願在秋天來臨以前，就能進步到只需要拄單支手杖。不過，連續五十二週仰仗一對拐杖（將近百分之三的人生），我其實有時會擔心未來要面對的挑戰。

很多人希望自己活得夠久，以便享用醫學奇蹟的好處。而我十分僥倖，已經活得夠久了，要是在二十年前，醫生鐵定直接砍掉我的大腿，就算是十年前，也不可能進行這樣的手術。如今我可以站立，而且是靠兩條腿，沒有少掉一條，這印證了許多受過良好訓練之專家的技術與仁慈。從今以後，我任何的人生樂趣全來自於他們的恩惠，對此我們會永懷感激。

兩個女兒好不好呢？好極了。既然都過了七月四日，我想我們可以帶著些許的自信說，伊甸與泰碧四月十五日的生日總算結束了。她們收到的禮物是加州七日遊，也去了樂高樂園，到比佛利山莊做禮服，還替她們第一個檸檬果汁攤擠了親手摘的檸檬。她們那位充滿企業家精神的母親，很滿意女兒出色的行銷手法與壟斷遊樂場的控制手段，只擔心她們定價過低，每杯檸檬汁居然只賣一毛錢。不過，她們絕對學會了一件事：不要把收銀箱扔到沙坑裡！

我們離開洛杉磯時，泰碧鄭重地說：「我完全不想回布魯克林。」有一部分原因自然是因爲我們受到熱情款待，不過我們懷疑更重要的理由是，在這裡她們擁有雙親的全心照顧。這陣子泰碧與伊甸長得好快，喜歡用手指梳我的頭髮，也幾乎沒有表現出承受創傷的徵兆。她們尤其歡迎爸爸回來了。

這段日子，當我們晚上玩「壞與好」時，伊甸的好是：「爸爸現在只用一根拐杖，所以我可以牽他的另一隻手。」泰碧不落人後地說出同樣美麗的話語：「爸爸，我的身體裡有好多好多對你的愛，所以無法停止抱你、親你。如果我的愛用完了，我就喝牛奶，因爲愛就是從那裡來的。」

她們的媽媽好嗎？在抵達我一週年里程碑的前幾天，琳達與我結婚滿六週年。我們在露台烤肉，搬出鮮少使用的瓷器餐具結婚禮物，然後一一細數我們的福氣。

還有，我們談心。

十一年前我剛認識琳達時，她個性堅毅，有活力又有魅力，是我所認識性情最開朗的人，她對人生的觀點不會超出「普通」到「很棒」的範圍。她自己也承認過，她不知如何安撫旁人受創的感情，在受苦的朋友身邊會不知所措。

這一年改變了她。我看著琳達承受一次又一次的打擊，不只抬頭挺胸熬了過來，心也變得更加寬廣。對於某些日子，她的拇指實在必須往下指，而這不得已的反覆學習改變了她。

她說：「這個經驗讓我更願意接觸受苦的人。以前的我會覺得不安，或者不知道該說什麼才好。現在我明白說什麼都沒關係，重點是表達心意。」

還有，琳達以前在有些方面總是強調靠自己，現在卻允許自己表現弱點，甚至欣然接受。她說，職場女性尤其會出於本能地矯枉過正，凡事仰賴自身的堅韌意志。不過，學會向他人傾吐讓她輕鬆許多，也使她成爲更仁慈的領導者。

琳達最後說，過去一年讓她發現，每個決定都變得簡單了，拒絕也變得容易了。用流行的話來講，噪音降低，而訊號加強了。在繼續邁步向前之際，身為母親、妻子與友人的她有個心願：抓住那片斷的清醒。

保持清澈的思維。

那你呢？病情診斷出爐的幾週後，我曾與經歷過類似化療程序的朋友聊過。他的聽力嚴重受損，多根手指腳趾沒了知覺，同時喪失百分之十五的認知能力。這讓我非常害怕。

如今，無論我禁受怎樣的肉體病痛，我很開心地向你們報告，我的心智與精神並沒有認輸，我的血液可能遭到蹂躪，元氣卻未曾受損。我還是我。

不過我的確烙下了傷疤，而且舊傷會突如其來地復發。

四月時，琳達與我到中央公園的「船屋」餐廳，參加友人女兒艾麗森的猶太成人禮。艾麗森的媽媽為女兒唱了首歌，歌名叫做〈父母的祈禱〉。

願上帝給你活力與力量，就像約瑟夫的兒子們……

願上帝讓你像我們的父母，我們有福的父母。

我跟屋內多數人一樣眼眶含淚。以我來說，我想起了女兒，想到可能會錯過她們的重要時刻，淚水於是嘩啦啦流個不停。我沒辦法掩住臉，便伸手取了拐杖，逃離房間。

外頭的湖上有划艇，一家子一家子的人正在享受一年中最溫暖的一日，那景致簡直如同莫內的畫。幾週來我頭一次哭到身子抽搐。就在那時，我明白這些情緒永遠不會徹底消失，它們會永遠留在我的體內，在無法預料的時刻回來，就像心中的野獸。

在成年禮儀式中，艾麗森朗讀《利未記》。《利未記》大概是《聖經》中最不受青睞的一卷，可是裡面包含了「聖潔法典」，陳述古老世界的至高倫理。費城自由鐘的鐘面鑄刻著《利未記》第二十五章第十節的經文：「向全地所有居民宣布自由。」

這句話講的是一項傳統，根據傳統，農夫每七年必須休耕一年，也就是所謂的安息年。每七個七年後，大地會再多休耕一年，在這一年裡，奴隸都會被釋放，所有家庭都會團圓，所有人類記起自己必須鼓勵貧者、照護患者。那第五十年被稱爲「禧年」。

我雖然還不滿五十歲，但那項傳統形同爲我闡釋了過去一年的意義。我被迫賦閒躺下，脫去當代生活的衣飾（自負、野心與虛僞），進入某種平行的時間，被迫從事《聖經》所展望的事情：處於窮困，不諳環境，受到四周旁人的鼓勵，與所愛的人團聚。

失落之年是我的禧年。

果不其然，由於賦閒躺下，我變得更多產，由於暫時休息，我爲健康的未來播下種子。

我當然也擔心可能遺忘習得的教訓，可能不小心輕易受到邪惡引力的拉扯。我雖然脫下了老舊衣物，卻很想從衣櫃中取出它們，繼續過舊有的生活，彷彿什麼都沒有發生過。

可是，在衣物底下的深處，有一樣東西持續提醒我自己的經歷。《創世記》提到，有天夜晚約伯與天使搏鬥，休戰之後，天使在約伯的大腿留下記號，以紀念他的奮鬥。從此以後，約伯走路一瘸一瘸。

我的大腿也有個記號，縱然我的遠不如約伯的高尚，卻也永遠象徵我所經歷的搏鬥。碰碰它，我會想起跌至谷底的絕望時分，以及旁人過來鼓勵我們時那燦爛無比的日子。

成年禮過後幾天，有天深夜伊甸哭著來到我們的床邊。怪物進了她的房間，想帶走她的絨毛小狗狗「都伊」。我說：「趕走怪物最好的方法，就是我們一家人團結努力。你希望我今晚跟都伊一起睡嗎？怪物來的時候，我會說：『不行，怪物，不行！』他們會乖乖下樓走出門，不敢招惹我們。」

我們再度碰見一個切中生活要害的象徵。去年，怪物進到我們家，讓我們持續幾個月保持警覺，可是我們一家人團結努力，如今他們總算下樓走出門，不敢招惹我們。雖然他們走了，我們依然偶爾會顫抖，無法保證他們不會回來。不過，如果他們回來了，我們知道能找得到的最有效防禦方法，也就是我們所擁有的最好防禦方法：一家人團結努力。

謝謝你加入我們家。謝謝每天寄明信片來的朋友，謝謝送來便條、漂亮小東西與砂鍋菜的親友。謝謝推開旋轉門、幫忙移植盆栽與擦乾我們淚水的朋友。謝謝那些只是恰好讀了這段文字、想了一想或是虔心祈禱的人。

這一年落幕了，這些信的間距也越來越長，這時我們想起了你們。願你在生活的磨難中找到如同禧年的意義，願你以「不行，怪物，不行！」斥退自身的恐懼，願你以無底杯喝牛奶，記起愛從何處來。

還有，這陣子麻煩找時間替我散個步吧。

Love,

Bruce

23 帶烏龜去散步

〈丹尼在我身邊〉開頭第一句歌詞描繪出一幅引人入勝的畫面：「人稱週日的布魯克林大橋爲『戀人小徑』。」而在《布魯克林有棵樹》一書中，小兵的心聲則傳達了那股魅力：「我希望有天能去紐約，我想走過布魯克林大橋。」

橋的設計者推崇這座橋是「文明的未來」，一位熱愛它的支持者則說它是「上個世紀的輝煌」，還有一位議員詠嘆道：「巴比倫有空中花園，尼尼微*有高塔，

* Nineveh，亞述帝國的古城，毀於西元前七世紀，地理位置約在今日伊拉克北部底格里斯河東岸。

羅馬有競技場，我們紐約有布魯克林大橋。」

對我來說，在這座橋落成的第一百二十六年，它宛如是暴風雨盡頭的彩虹。

有天早上，我興致勃勃地提議：「小妞，來吧，我們去布魯克林大橋散步。」

泰碧高呼：「噢耶！我們可以帶指南針嗎？」

伊甸附和：「好耶！可以帶野餐去嗎？」

＊＊＊

兩個小時後，歷經一場哭鬧，換了四次衣服，抹了幾層防曬乳，再加上起碼一句怒吼的威脅，說以後不帶她們出去玩了——我們才得以出門。也許應該找個人去警告橋上所有的戀人，有些紀念物拒絕進步：四歲的孩子始終不肯就範。

正當你覺得自己氣到快爆炸了，她們救了自己一命。我們穿過惠特曼公園，轉向走上大橋，這時綁著無敵可愛馬尾的泰碧仰頭看著我說：「爸爸，你可以告訴我們這座橋是怎麼蓋的嗎？」

打從一開始，這座橋就蒙上了一層哀傷的陰影，是到後來才成爲重生的象徵。最初的構想是在南北戰爭末期成形，做爲世上最長的吊橋，它將連接人潮熙攘的曼哈頓與偏僻荒涼的布魯克林，證明科學也能逆轉人類的不幸。工程師羅布林更承諾了另一項特色：它將是有史以來頭一座高架散步大道，「空閒的民眾、老少的病人在晴天時散步跨越大橋，享受美麗的風光與宜人的空氣。」

羅布林對於不幸有親身體認。他是來自德國的移民，設計這座橋時還能與亡妻對話，在開工前，卻遭渡輪碾傷腳趾，因而罹患破傷風喪命。他的兒子華盛頓接下工作，在水底施工時，竟由於潛水夫症而陷入癱瘓，在竣工前幾年，被迫幽禁在位於布魯克林高地的自宅，無法閱讀和說話，只能透過一只望遠鏡凝望自己的曠世巨作。在造橋工程進行的十五年中，有二十名工人殉職。

可是，不管是對於病人、失去親人的紐約人或全國人民而言，這座橋也象徵了復甦。定居布魯克林的偉大詩人惠特曼（Walt Whitman）*便曾讚嘆：「體現我們的精神！」

對於該時代的民眾，布魯克林大橋所具體表現的形象，也正是它之於我的化身：肯定的象徵、復甦的彎弧。

開闊道路的一道拋物線。

＊＊＊

我們爬上斜坡，朝第一座塔走去，擺開了我們一家散步的陣仗。泰碧與伊甸一左一右夾著琳達，蹦蹦跳跳，擺出一連串搖滾巨星的動作，例如翹起屁股用力扭，把頭髮往後甩，或者敞開手臂彷彿在說：「我很行吧？」我則撐著拐杖默默殿後。

沒多久，我們家的創作歌手當場發表最新作品：

我們正走過布魯克林大橋，

＊美國十九世紀著名的詩人，作品於一八五五年結集出版，題名為《草葉集》（*Leaves of Grass*）。

我們的爸爸有縫針、有疤痕。
我們正走過布魯克林大橋，
沒那麼遠，別擔心！
我們正走過布魯克林大橋，
還像巨星一樣地唱歌搖滾！

走路是我生病後失去的第一件東西，因此在其後的幾個月，我花了許多時間思考這項最基本的人類動作。直立行走，或所謂的「雙足步行」，被認爲是進化成人類的發軔，是最明顯區隔我們與靈長類祖宗的技能。這項能力不受進化左右，自從人類在四百萬年前開始行走之後，這個行爲的本質不曾改變。根據我的物理治療師的觀察，我們邁出的每一步都充滿了危險：你幾乎要被一隻腳抛甩出去時，另一隻腳即時定住了你。走路便是不斷對抗重力的過程，還要小心避免摔跤或飛來橫禍。

走路卻也可以是意義的源頭。人類敬神的歷史有多長，他們走路接近神祇的歲月便有多久遠。在《聖經》中，英雄總在旅途上悟道：亞伯拉罕前往應許之地；以色列人渡過紅海；以色列百姓被擄至巴比倫。從伊斯蘭教徒的朝覲到天主教的十字架苦路，所有最偉大的朝聖都與步行有關，還有許多朝聖者刻意讓步行更加艱辛，有人光著腳，有人穿著不便的裝束，也有的在鞋裡放小石頭，好讓自己如同行走在荊棘之上。

而今我已明白他們爲什麼要這麼做了。

撐拐杖走路，最簡單的後果是走路變慢，每一步路必須是必要的一步。以我來說，推進力與疼痛散布在全身各處，從臂膀底下的擠痛，到腳趾的刺痛。撐拐杖走路不光是雙足步行，而且是全身步行，這會讓你一路走下去更懂人性。

首先，步履蹣跚的步法，會讓你接觸到更多人。我們上橋走不到十五步路，便有一群男子對我說：「哇！你要撐拐杖過橋啊?!祝你好運！」這個動作也讓你與其他被拖慢速度、打亂步伐或辛苦適應自身改變的同類聲氣相通，你取得疏離之城的市民身分。在我們過橋的前幾天，我對一個膝蓋裝了支架的商人打趣，對一個脖子裝了支架的男人提議兩人交換身上的病，還拍了拍一個拄著助行器女人的後背。

儘管太誠實會有風險，我還是要說：撐拐杖時的我特別善良。

這座橋尚未建造的前幾年，馬克・吐溫到紐約參觀，把那裡形容成冷僻的沙漠，嘈嘈嚷嚷，四周都是急切的趕路人。他的描寫說中了我現在認識的多數人。「每個人似乎都有兩輩子的任務要在一輩子裡完成，於是趕啊趕啊趕，始終騰不出時間與人好好交往，也不想虛擲光陰在與金錢、責任、事業無關的事物上。」

除非失去加快腳步的能力，否則沒有人會停止這樣急促的節奏。阻礙成了邀請，被奪去了地位與權威後，殘疾之人反而願意接受社會公眾。快速行動時，你只會朝著目標前進，無可避免地將孤單抵達；你對世人所展現的就只有你自己。當你緩慢行動時，你讓自己與周遭的一切相遇，也定將在陌生人的協助下抵達終點。

你會有新發現。

在一八四〇年代，步行剛剛成爲歐洲各地時尚的休閒活動，在巴黎出現一種新類型的行人，稱爲「漫遊者」。他們在拱廊溜達，在公園緩行，走在觀察與休閒的無聲迷宮中。那種閒散的作風有個標誌：漫遊者流行帶著一隻烏龜去散步，讓爬蟲動物設定步伐的快慢。

好一曲緩板的頌歌。我非常喜愛這個概念，它與布魯克林大橋似乎特別相稱，因為橋本身曾有段類似諾亞引領動物的渡橋歷史。第一個駕駛四輪馬車過橋的人帶了一頭公雞；在那個年代，家畜的過橋費是五分錢，綿羊和豬則收兩分錢。橋一開通，知名的馬戲團團長巴納姆便立刻趕了二十一頭大象浩浩蕩蕩通過主要幹道，贊許這座橋堅如磐石。

最重要的是，我能認同漫遊者對於平穩步調的信念。從爺爺的錄音帶、到父親、到我的外科醫師，在開鑿父性的經驗中，我最常碰見的那句扼要格言是：「別急。」慢慢來。

帶烏龜去散步。

並且暫停腳步，仔細瞧瞧這個世界。

＊＊＊

還有，偶爾讓自己完全停下來。

我們來到橋的頂點，時間剛過正午。伊甸立刻想吃野餐，而泰碧不時對沒穿上衣的慢跑者拋媚眼，她問：「爸爸，你什麼時候要把襯衫脫掉？」我們找到一處靠著塔樓正面的掩蔽處，把焙果、奶油起司、水果與牛奶擺出來。一粒葡萄滾過木條裂縫，掉到從我們下方通過的汽車車頂，泰碧懷疑自己能不能把手擠進去拿回葡萄，她說：「我想我必須要很小很小才有辦法。」

我說：「小妞，午餐後我準備了一個驚喜。猜猜看是什麼？」

伊甸輕柔地說道：「噢，杯子蛋糕嗎?!」

我說：「不是吃的，是一件有趣的事。」

惠特曼本身就是聞名的行路人，常從布魯克林過河到曼哈頓。假如有一天女兒過橋時少了我同行，我想對她們說的話，正是他對那些可能在他之後過橋者抒發的觀點。

正如你望著江河天空的感受，我也有同樣的感受；
正如江河之喜悅與川流之歡快提振你的活力，我也同樣提振了活力……
這些與任何一切，之於我正如它們之於你。

我尤其想鼓勵她們盡量常常過橋，能像惠特曼說的：「我亦活過。」野餐結束時，我們把吃了一半的焙果與沒有了果子的葡萄梗打包起來。琳達說：「我好想知道爸爸的驚喜是什麼！」女兒也興致勃勃搓揉起雙手。這時，單車客與慢跑者呼呼經過我們的身邊，吹著口哨，嚇得行人離開了原本的路徑。青少年對著手機擺姿勢拍照，有個藝術家在兜售炭筆畫。週六正午是布魯克林大橋的交通尖峰時間。

我把女兒拉到身邊，然後打開肩包。她們把手伸進去，拿出一條紅黃兩色的小桌巾，我把桌巾鋪在木板條上。她們又伸手進去，取出四張茶托、四只杯子、一具牛奶壺、一個我前晚黏起來的破裂糖罐。最後，我取出了終極配件。

時候剛過正午，左邊是自由女神，右邊是帝國大廈，四周有無數趕路人匆匆而過。就爲了好不容易來到漫長一年的終點，我們把杯子弄得叮噹響，傾斜水壺，在世界的頂端舉辦起茶會來。

＊＊＊

長年來，我不時飽受某一個重複夢境的折磨。在夢裡，我總是不停地奔走、攀爬或逃離某樣東西，接著動彈不得，大腿變成軟糊，或是整個人困在流沙中，也可能陷入某種存在主義的泥濘裡。我驚醒過來，全身精疲力竭，恐懼地喘著氣。

我從未跟任何人說過我的夢，過了一段日子，大概是十年吧，我告訴自己，這大概與我的理想抱負有關，我內心深處害怕自己可能永遠無法達到希冀的目標。

然而，在我們走過布魯克林大橋前不久，我有一天發現，生病後我便沒再做過這個夢了。這個發現令我很震驚，感覺有點像是失去一名親人；雖然你對對方的感情並不深，卻已習慣對方在你的左右。不過，在我這個例子裡，失落的感受更加詭異，我無法走路後，便不再做無法走路的夢；在我幾乎哪裡都去不了的一年，我不再夢見無法抵達想去的地方。

我想出兩個可能原因。第一，我的身體隱隱察覺大腿出了毛病，不知情的潛意識得到消息，因而發出警訊，暗示我不只在夢中受挫，有一天會被眞正阻擋下來。

另一個可能的原因更合我意。我不再有所不滿，不再期待不屬於我的遠方。在我不趕路的一年，我放慢生活的步伐，不需要趕著去其他地方。

終於不需要趕著去其他地方，我滿足於當下的所在。

＊＊＊

喝了茶、吃了點心後，我問女兒，她們想繼續過橋走完全程，然後搭計程車回家，還是折返回頭，循原路走回家。伊甸先開口：「我們想一直走到橋的另一頭，然後走路回家！」琳達看著我眨眨眼說：「眞不愧是我們的女兒！」

24 擁抱怪獸

九月一日

親愛的泰碧與伊甸：

最後一片海濱燕麥草由於夏末的折磨而屈服，午後陽光正朝著泰碧島沙灘上的潮水坑洞延展琥珀色的告別。又一年夏天即將結束，宣告著我們在這座海角天堂的時光也要畫下句點。對於你們的母親與我，這座另類島嶼就是你們兩人名字的結合體。

身爲作家，我希望別人能夠閱讀我創作的文字，而我寫下這段話，卻深深希望你們在很久很久以後才會讀到。

總之，我還是帶著自然純粹的感情下筆，因爲希望你們是從我這裡聽到這段話。

在你們生命的第二年，你們偶然發現了文字，就此和字母及語言成了知交，看了令人歡喜，也使人嘖嘖稱奇。你們兩歲生日時，你們的母親與我在家裡四處張貼一套彩色字母卡片，卡片沒有黏得很牢，我們領著穿睡袍的你們下樓時，有些卡片垂了下來。伊甸看了彩虹般的ＡＢＣ一眼，驚呼道：

「所有字母都來我們家玩了！」

隔年，芭蕾與仙女消耗了你們的奇想，我們把粉紅色與紫色的芭蕾蓬裙像花環一樣四處懸掛。「所有的蓬蓬裙都來我們家玩了！」

過沒幾週，我去醫院做例行檢查，那位醫生要我再去找另一個醫生，然後又換一個醫生，最後我得知自己得到一種非常罕見、殺傷力很強的病，生命忽然有了危險。我在曼哈頓街角的石椅坐下，把臉埋在掌心，忍不住哭了。幾個小時後，我回家躺在床上，你們立刻跟在我後面衝進來，對著鏡子照來照去，兩隻小手緊緊牽在一起，接著開始用自創的舞步旋轉繞圈，最後雙雙倒在地上，開心得咯咯笑。我的心跟著你們一塊倒下去。

我想到所有可能無法給你們的擁抱，無法從你們那裡得到的親吻。我想像自己可能無法修補的心碎，無法拭去的淚水。我幻想可能聽不見的銀鈴般的笑聲，可能無法編唱的歌曲，可能無法為你們解除的困惑。我詳列可能無法說出的每一句「老爸箴言」，本來我可能會有事沒事就對著你們嘮嘮叨叨，讓你們一邊竊笑、一邊報以白眼：每天嘗試新的事物；從事實出發，決定自然會出現。什麼方法都不管用時，那就讀一讀說明書。

我想到自己的聲音，還有少了它，你們的人生會變得如何。

三天後，我不到天亮就醒來了，想到一個點子，可以讓你們擁有父親的聲音。我要求助六個出現在我人生不同階段的男人，請他們陪伴你們度過人生的各個關卡。他們或許會對你們柔聲說話、唱歌給你們聽、對你們坦誠以告，或者會寫信給你們。他們可能會開著牽引機帶你們去兜風，或者把你們帶到一旁數落幾句。他們可能會幫助你們，可能抬起你們的下巴或放下你們的頭髮。或者他們可能只是聽聽你們說話。

他們是我留在你們生命之中、一股繚繞不絕的聲音。

「所有的爸爸都來我們家玩了。」

我把這群男人叫做「爸爸後援會」。

這群男人並不是我僅有的朋友，也不是我僅有的顧問、良師或嚮導。他們恐怕也不能取代你們的爸爸。

不過，他們確實組成了我的不同面向，表現出我的種種本質。

若我走了，他們可以延續我的生命；若我不再出聲，他們可以持續爲我發言。

你們想要怎樣利用這個後援會，由你們決定，你們可以跟他們問我的事情——我應該會怎麼想，我可能會說什麼。你們可以問他們你們的事情——怎麼做出困難的決定，怎麼讓夢想成眞。你們還可以問問他們關於他們自己的事。

當我邀請每個人加入這個屬於你們倆的後援會時，我向每一位徵求他們想要傳承給你們的一門人生功課。將他們的智慧集合在一起，念起來像是一首關於生活的詩。

旅行就是全身沾滿泥巴
到哪裡都要帶一雙夾腳拖
不要被牆擋住路
好好照顧你的蝌蚪
懂得開口問的人不會迷路
收割奇蹟

當你們初次聽到這些見解，也許能了解其中幾個的意思，其他的也許要一段時間過後才會明白，然而它們是我所知道最深切的眞理。我把這些人生智慧，連同我的父親、兩位祖父、生命中不同父親形象的人物與我志趣相投的想法，以及少數我自己忍不住要放進去的心底話（永遠在山坡學習雜耍、帶烏龜去散步），彙集成這麼一本慈父指導手冊。

召集這個後援會時，我一直想起爲人父母最大的弔詭：雖然我們感覺生活無法沒有你們，我們最大的任務卻是讓你們準備好面對沒有我們的生活。從某個意義來說，我們的工作是讓自己被淘汰。剛出生的小嬰兒事事仰賴他人，然後我們用接下來的幾十年，設法讓你們獨立，如此一來，你們可以靠自己茁壯成長，用不著我們插手。

我擔心你們或許會比一般人更早面對這個情況。你們仍然擁有媽咪，而你們一定知道，媽咪本身就是個後援會。好好聽她說話，你們會學到比任何一屋子男人所知都還深奧許多的道理。

不過，你們或許不再有爸爸。我本來在你們生活中占據的地方，可能會出現一個漏洞，你們可能會用愛或悲傷、憤怒或恐懼、棒棒糖或怪物來填補那個洞。

那些都可以。

只是，不論你們用什麼填補空虛，務必仁慈對待自己。這個情況不是你們的錯，這個難關不能決定你們的命運。

世上膽量最大的飛行員，對於如何處理生命最重要的測驗有一條座右銘。空軍教導新手，當他們面對生死攸關的挑戰時，不該逃離恐懼，應當擁抱恐懼。他們說：「擁抱怪獸。」用力摟抱住你們的恐懼，全力應付它們，讓它們屈服於你，讓它激發你的適應力與意志力。

女兒，**擁抱怪獸吧**。

我可以充當你們的臂膀。如果你們不知道其他關於我的事，只要記住爸爸愛你們就行了。我好喜歡你們早上爬上我的肚子，告訴我，跟爸爸窩在一起是你們一天之中最喜歡的時刻。我好喜歡你們因爲我的逗弄而吃吃地笑，因爲我的俏皮話而哼哼抱怨。我喜歡你們自己編歌、玩押韻字典遊戲或跳舞。我尤其好喜歡你們行屈膝禮的樣子，甚至喜歡我把你們抱到哭泣專用座時，或者大聲罵人，或者數「一、二、二又二分之一……」。

我有時故作嚴肅，不讀故事書給你們聽，或者不拿訂書機給你們，或者放學後不給你們吃點心——除非你們好好抱抱我、親親我。我喜歡你們伸手碰我的拐杖，喜歡你們輕拍我的傷疤。放煙火時，你們怯怯地朝著我看，我說「害怕的話就握緊我」，你們便抓緊我的手指。

我走了之後，你們還是可以這樣做，只要緊握住彼此的手，不管我在哪，都會感覺得到。

你們出生幾週後，我們辦了一場見面會，向朋友介紹你們。那晚我舉杯敬酒前說了幾句話，最後許下一個心願：「願泰碧和伊甸人生的第一個字彙是**冒險**，最後一個字彙是**愛**。」我可以報告說前半個心願已經實現了。**冒險**

是你們學會的頭一批單字，也是這幾年你們特別喜歡的其中一個字彙。你們的小嘴唇捲起來發出它的音節，表達字義裡蘊含的種種複雜、驚奇與未知。

我和媽咪常對你們說：「我們要去冒險嘍！」只要聽見這個字彙，你們的眼神便充滿期待。

至於後半個心願，「願你們人生的最後一個字彙是**愛**」，那就在於你們了。假使我從生病中能學到任何事情，那便是我們永遠無法知道，自己何時會說出最後一個字。因此我懇求你們，務必每天沉浸在愛裡，那份愛可能來自朋友、親人、愛人、孩子。可能來自所有這些人，也可能只來自某一個人。然而，若我可以留下最後一份遺產給你們，那我願這份愛永遠來自你們彼此；無論發生任何事情，永遠要安慰你們的姊妹。

最起碼，你們透過彼此，能夠永遠與你們的母親、與我聯結。

如果身爲父母的弔詭之處，是我們必須讓自己變成可有可無，那麼爲人子女的弔詭之處，就是你們只會在以爲自己不需要父母時，才發現多麼需要他們。你們用一輩子的時間讓自己獨立，靠自己往前走，而剛好就是在你們不再聽我們的話時，才終於聽見我們一直在說的道理。

在那之前，我會等待。即使你們聽不到我，我還是會一直在你們耳邊呢喃。即使你們感覺不到我，我還是會一直輕輕推促你們獨立。即使你們看不到我，我還是會一直伸出雙手，在需要擁抱怪獸時，讓你們能夠緊緊握住。

去旅行吧，女兒們。把握機會，展翅高飛。

還有，偶爾替我散個步吧。

Love,

Bruce

懇請與感謝

人數眾多的團隊合力拯救我的生命。

Diana Santini 醫師替我做了鹼性磷酸酶檢查，讓我踏上這段旅程，並敦促我接受追蹤檢測。Beth Shubin-Stein 醫師接下我的病例，提供彌足珍貴的建議與指示。赫利醫師是我認識最會鼓舞人心的醫生，也是最迷人的朋友。麥基醫師大方慷慨，在消沉而艱困的幾個月裡，提供了建議、卓見與友誼。莫拉拉醫師是個紳士，也是一流的外科醫師。Alison Haimes 是每日湧現智慧與忠言的聖水盂，在這場磨練中時時陪伴我們，成爲我們親密的家人。

衷心感謝眾多醫療專業團隊成員，他們接聽我們的來電，安撫我們的情緒，握住我們的手。赫利醫師的辦公室：Jodi Roth、Matthew Steensma、Fazel Khan。麥基醫師的辦公室：Stephen Layne、Linda Ahn、Elizabeth Rodriguez。五樓的化療診間：尤其是Sarah Duncan、Stacy O'Neill、Sara Martinez、Ray Rodriguez、Heather Goettsch、Karen Gormsmen等人。

感謝 Joe Bender 醫師、Bob Mayer 醫師、Alan Muney 醫師與 David Davidoff 一路上不可少的支持。另外，我特別以充滿活力的深蹲及一小段快步舞，感謝嚴格無比的泰瑞莎．基艾亞與特殊外科醫院運動復健科全體團隊。

布朗夫曼夫婦特別的仁慈令我深深受到感動與鼓舞。Belle and Wences Casares 夫婦、Melissa and Tim Draper 夫婦、Paul Fribourg、Ann and Jason Green 夫婦、Amy and John Griffin 夫婦與 Peter Kellner 的同情，

同樣令我們感動不已。

感謝世界各地所有的親友，他們送來關愛、詩文、祈禱、羽紋阿富汗毛毯與美味砂鍋菜。

感謝在適當時刻提供適當協助的人：Jeanne Ackman、Karen and Bill Ackman 夫婦、Sunny Bates、Nick Beim、Kimberly Braswell、Justin Castillo、Andy Cowan、Tracey and David Frankel 夫婦、Caterina Fake、Jan and Gordon Franz 夫婦、Avner Goren、Diane Galligan、Brendan Hasenstab、Wes Gardenswartz、Lisa Kapp、David Kramer、Corby Kummer、Jane Lear、Lia Levenson、Evan Oppenheimer、Susan Levy、Serge Lippe、Ilene Leff、Andrea Mail、Becca and Dickie Plofker 夫婦、Joanna Rees、John Hamm、Gretchen Rubin、Peter Schuck、Daniel Schwartz、Chip Seelig、David Shenk、Ken Shubin-Stein、Joe Weisberg、Alexi Worth，以及 Judy and Bob Wunsch 夫婦。

感謝那些靠近，了解痛苦並不斷回到我們身邊的人：Laura Benjamin、Karen Lehrman Bloch and Bradley Bloch 夫婦、Susan Chumsky、Karen Essex、Lauren Schneider、Teresa Tritch。

感謝一起走過這一段的人：Raul Buelvas、Olivia Fox 與 Todd Haimes。

特別感謝 Megan Brown、Karen Glimmerveen、Tim Hawkins、Soribel Holguin、賈琪・英格拉姆與 Greg Takoudes。

感謝許多一起工作的人，他們在這段期間更加貼近我們：Alan Berger、Helen Churko、Susan Ellingwood、Craig Jacobson、Lynn Goldberg、Beth Middleworth、Brian Pike、Lucy Lepage、Carlton Sedgeley、Roger Triemstra、Sally Willcox。

在這段經歷的最初，以及幾乎是一路走來的每一天，HarperCollins 出版社的友人及工作伙伴都表現出不尋常的支持。我永遠感謝 Brian Murray、Michael Morrison 與 Liate Stehlik，感謝他們持續的陪伴與支持。Seale Ballenger、Lynn Grady、Tavia Kowalchuk、Shawn Nicholls、Sharyn Rosenblum、Mary Schuck、Danny Goldstein 與 Nicole Chismar 是我珍惜的同仁。在二十年的寫作歲月裡，與我合作最密切、與我培養出最互信可貴的情誼的，莫過於 Henry Ferris。

我要特別擁抱 Lisa Gallagher，她從一開始就對我深信不疑。

法勒與羅騰堡兩家人永遠在聽得見、摸得到的地方，永遠願意放下自己的生活來協助我們面對我們的生活。我只能希望，一路上我偶爾胡亂發洩的自憐抱怨，不會隱藏了我深刻體驗到的關愛。

書中出現的六個男人協助我打造生命的骨幹。他們除了在這趟旅程中始終提供堅實的友情活力，也都歡迎我追根究柢的目光探索他們生命最深處的祕密，並且允許我爲女兒挖掘他們的寶藏。無論我還有多少日子，我以這些日子發誓，我將努力達到他們先前爲我和女兒所體現的人性、喜樂與惻隱之心的標準。

琳達・羅騰堡是構成書頁上每個字的那顆跳動的心，在這無法想像的煎熬中，她居然能夠隱藏恐懼，以便抹去我的若干害怕。我喜歡幾乎每日都能發現到她迷人的特質出現在女兒身上。假如眞有那麼一天，我的爸爸後援會需要爲了創會目的而集合，她將不費吹灰之力以涵養引導他們；這點令我倍感安慰。

泰碧與伊甸：這本書是寫給你們的。我懼怕你們閱讀的那一天，不過我相信你們會知道這本書是眞實的。我希望你們將永遠記得在你們睡前我會對你們吟唱的那段話：「爸爸，爸爸，非常，非常……」然後你們會低聲回答：「愛我們。」

人往往要走到生命盡頭，才了解人生的意義。「六個爸爸」當中的每個人，都有值得我們學習的人生故事。

——**洪蘭**，中央大學認知神經科學研究所所長

人生免不了遺憾，萬一沒有機會陪著孩子長大，該怎麼辦？作者提供絕佳的辦法，也同時提醒我們，不要輕忽這份看似當然的親子緣分，每一刻都該珍惜與努力！

——**陳藹玲**，富邦文教基金會董事

我始終認爲，在人類漫長演化過程中，由部落大人一起撫養孩子，是最好的教養方式。作者因癌症的體會，而提醒了我們，即便在如今文明的社會中，我們也可以組成爸爸後援會來共同陪伴孩子成長。

——**李偉文**，親子教養作家

國家圖書館出版品預行編目資料

女兒的六個爸爸 ／Bruce Feiler著；
呂玉嬋譯. -- 初版.
-- 臺北市：大塊文化，2011.02
面： 公分. -- (Mark ； 89)
譯自：The Council of Dads:my daughters, my illness, and the men who could be me
ISBN 978-986-213-242-5 (平裝)

1. 親職教育 2. 親子關係

528.2 100002210

LOCUS

LOCUS

LOCUS

LOCUS